Programme canadien complet

3ᵉ année

Mathématiques
Français
Sciences sociales
Sciences

Imprimé en Chine

ISBN : 978-1-77149-228-7

Mathématiques

Français

Sciences sociales

Sciences

Réponses

Mathématiques

La pièce de 1 cent canadien n'est plus en circulation. Elle sert à représenter des sommes d'argent à la centaine près dans les unités.

Les nombres de 1 à 100

- Comparer, classer et écrire en lettres des nombres entiers jusqu'à 100.

- Compter à rebours par bonds de 2, de 5 ou de 10 à partir de 100.

- Arrondir des nombres à 2 chiffres à la dizaine près.

10 perles dans un groupe

J'ai trente-deux perles.

Remplis les blancs avec les nombres qui manquent.

① 35 36 _37_ 38 _39_ _40_ _41_ 42 _43_

② 69 70 _71_ _72_ 73 _74_ _75_ _76_ 77

③ 87 88 _89_ _90_ _91_ 92 93 _94_ _95_

④ 55 56 _57_ 58 _59_ _60_ _61_ _62_ 63

Encercle le plus grand nombre.

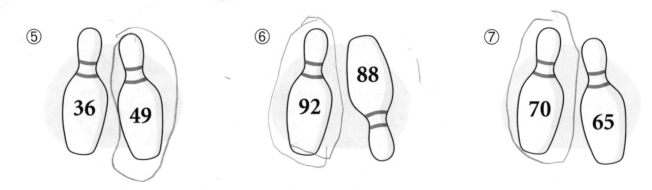

⑤ 36 (49)   ⑥ (92) 88   ⑦ (70) 65

Mets les nombres dans l'ordre, du plus petit au plus grand.

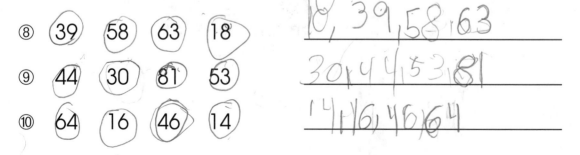

⑧ (39) (58) (63) (18)   18, 39, 58, 63

⑨ (44) (30) (81) (53)   30, 44, 53, 81

⑩ (64) (16) (46) (14)   14, 16, 46, 64

Compte et écris les nombres en lettres.

⑪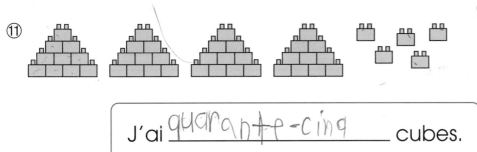

J'ai _quarante-cinq_ cubes.

⑫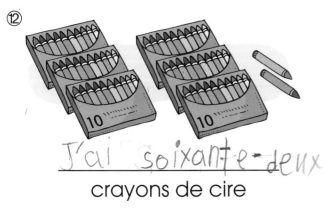

J'ai _soixante-deux_

crayons de cire

⑬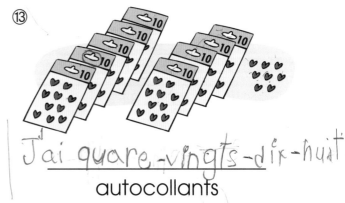

J'ai _quare-vingts-dir-huit_

autocollants

Écris les nombres en chiffres.

⑭ vingt-six _26_

⑮ quarante-cinq _45_

⑯ quatre-vingt-onze _91_

⑰ quatre-vingts _80_

⑱ soixante-quatre _64_

⑲ trente-huit _38_

⑳ soixante-douze _72_

㉑ cinquante-trois _53_

㉒ un nombre plus grand que 65 _100_

㉓ un nombre plus grand que 28 mais plus petit que 37 _32_

㉔ un nombre à 2 chiffres avec 0 dans la position des unités _____

㉕ un nombre à 2 chiffres avec 4 dans la position des dizaines _____

Suis les régularités pour compléter les nombres et dessine des flèches sur les droites numériques.

㉖

| | | | | | | | | | | | | |
75 70 65 60

㉗

| | | | | | | | | | | | | |
100 90 80 70

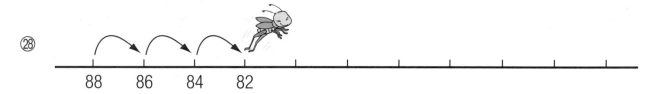

㉘

| | | | | | | | | | | | | |
88 86 84 82

Compte à rebours par bonds de 2, de 5 ou de 10 pour trouver les nombres manquants. Écris les nombres.

㉙ 74 _____ 70 68 _____ _____ 62 _____ _____ 56

㉚ 90 85 _____ _____ 70 _____ _____ _____ 50 45

㉛ 100 _____ _____ 70 60 _____ _____ 30 _____ 10

Mets les nombres dans l'ordre, du plus grand au plus petit. Ensuite, remplis les blancs.

㉜ 32 30 34 28

Dans l'ordre : _____

Je peux compter à rebours par bonds de _____ à partir de _____ pour trouver ces nombres.

㉝ 45 60 50 55

Dans l'ordre : _____

Je peux compter à rebours par bonds de _____ à partir de _____ pour trouver ces nombres.

Arrondir un nombre à 2 chiffres à la dizaine près :

p. ex. 46 ◀── C'est entre 40 et 50.

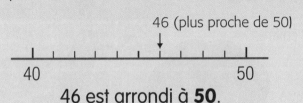

46 est arrondi à **50**.

> *Un nombre à mi-chemin entre 2 nombres doit être arrondi au chiffre supérieur. Par exemple, 35 est arrondi à 40.*

Utilise une flèche pour indiquer chaque nombre sur la droite numérique. Ensuite, arrondis le nombre à la dizaine près.

㉞

53 est arrondi à _____ .

㉟

88 est arrondi à _____ .

㊱

69 est arrondi à _____ .

㊲

17 est arrondi à _____ .

Remplis les blancs.

㊳

> *Le nombre de bonbons dans le bocal est entre 75 et _____ .*

㊴

> *Le nombre de perles dans la boîte est entre _____ et _____ .*

Ils coûtent seulement 70 ¢.

L'addition et la soustraction des nombres à 2 chiffres

- Additionner et soustraire des nombres à 2 chiffres.
- Estimer et vérifier des réponses.
- Résoudre des problèmes écrits.

$$\begin{array}{r} \overset{1}{}35 \\ +\ 35 \\ \hline 70 \end{array}$$

35 ¢ chacun   35 ¢ chacun

Effectue les additions.

①
$$\begin{array}{r} 37 \\ +\ 16 \\ \hline \end{array}$$

②
$$\begin{array}{r} 42 \\ +\ 39 \\ \hline \end{array}$$

③
$$\begin{array}{r} 18 \\ +\ 63 \\ \hline \end{array}$$

④   45 + 48 = _____

⑤   27 + 60 = _____

⑥   34 + 19 = _____

⑦   42 + 38 = _____

Arrondis chaque nombre à la dizaine près. Fais une estimation. Ensuite, trouve la réponse exacte.

⑧
$$\begin{array}{r} 46 \\ +\ 33 \\ \hline \end{array}$$

Estimer

+ _____

⑨
$$\begin{array}{r} 24 \\ +\ 58 \\ \hline \end{array}$$

Estimer

⑩
$$\begin{array}{r} 12 \\ +\ 56 \\ \hline \end{array}$$

Estimer

⑪
$$\begin{array}{r} 9 \\ +\ 29 \\ \hline \end{array}$$

Estimer

La réponse de chaque question correspond au nombre de biscuits dans chaque bocal. Effectue les soustractions. Ensuite, réponds aux questions.

⑫

A
$$78 - 26$$

B
$$40 - 17$$

C
$$52 - 39$$

D
$$81 - 63$$

E
$$43 - 8$$

F
$$35 - 7$$

G
$$74 - 37 = \underline{\hspace{1cm}}$$

H
$$55 - 49 = \underline{\hspace{1cm}}$$

I
$$60 - 35 = \underline{\hspace{1cm}}$$

J
$$93 - 75 = \underline{\hspace{1cm}}$$

⑬ Quels bocaux ont le même nombre de biscuits? _____

⑭ Quel bocal a le plus de biscuits? _____

⑮ Quel bocal a 10 biscuits de plus que le bocal C? _____

Arrondis chaque nombre à la dizaine près. Fais une estimation. Ensuite, trouve la réponse exacte.

⑯ ⸻ *Estimer* ⸻

$$74 - 39$$

⑰ ⸻ *Estimer* ⸻

$$68 - 41$$

Utiliser l'addition pour vérifier la réponse d'une soustraction.

p. ex. Est-ce que 46 − 27 = __29__ est correct?

1ʳᵉ Additionner les nombres ombrés.

2ᵉ Si la réponse est 46, « 29 » est la réponse correcte.

```
    4 6
 −  2 7
 ───────
    2 9
```

```
      2 9
  +   2 7
  ───────
      5 6  ←── pas 46
```

46 − 27 = 29 n'est pas correct.
La réponse correcte est 19.

Vérifie la réponse à chaque question. Coche ✔ dans l'espace donné si la réponse est correcte, sinon barre ✗ et trouve la réponse correcte.

⑱   *Vérifier*

```
    7 3
 −  2 4
 ───────
    5 9
```

```
     2 4
  +  5 9
  ──────
     8 3
```

⑲   *Vérifier*

```
    6 0
 −  4 5
 ───────
    1 5
```

Effectue les soustractions. Ensuite, vérifie les réponses.

⑳
```
    9 0
 −  1 6
```
Vérifier

```
  +
```

㉑
```
    5 9
 −  2 4
```
Vérifier

㉒
```
    3 3
 −  1 6
```
Vérifier

㉓
```
    8 4
 −  6 6
```
Vérifier

Résous les problèmes.

㉔

a. Combien de bonbons y a-t-il dans 2 sacs?

_____ = _____

_____ bonbons

b. Combien de bonbons de plus y a-t-il dans un bocal que dans un sac?

_____ = _____

_____ de plus

㉕

Cartes de Théo

36

42

a. Combien de cartes de baseball Théo a-t-il de moins que de cartes de hockey?

_____ = _____

_____ de moins

b. Combien de cartes Théo a-t-il en tout?

_____ = _____

_____ cartes

㉖

62 ¢

a. Un soldat de plomb coûte 5 ¢ de moins qu'une voiture miniature. Quel est le prix d'une voiture miniature?

_____ = _____

_____ ¢

b. *Je paie 75 ¢ pour un soldat de plomb. Combien de monnaie doit-on me rendre?*

_____ = _____

_____ ¢

Les nombres jusqu'à 1000

- Écrire, comparer et mettre dans l'ordre des nombres entiers jusqu'à 1000.

- Identifier et représenter la valeur d'un chiffre dans un nombre à 3 chiffres.

- Compter par bonds de 2, de 5, de 10, de 25 et de 100.

Compte et écris les nombres.

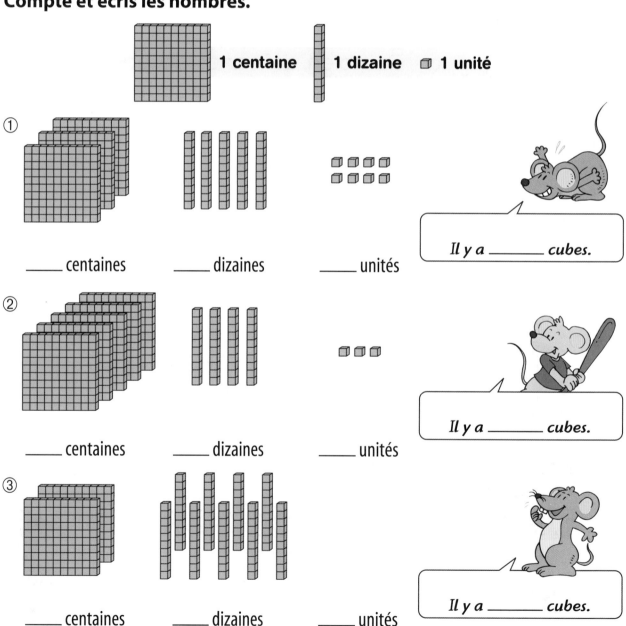

1 centaine   **1 dizaine**   **1 unité**

① _____ centaines   _____ dizaines   _____ unités

Il y a _____ cubes.

② _____ centaines   _____ dizaines   _____ unités

Il y a _____ cubes.

③ _____ centaines   _____ dizaines   _____ unités

Il y a _____ cubes.

Écris les nombres. Ensuite, réponds aux questions.

④ **A** _____ = 6 centaines 5 dizaines 7 unités

    B _____ = 5 centaines 2 dizaines 4 unités

    C _____ = 9 centaines 7 dizaines 6 unités

    D 375 = ___ centaines ___ dizaines ___ unités

    E 581 = _____

⑤ *Quels nombres se situent entre 400 et 600?*

_____

⑥ *Quels nombres ont le chiffre 5 dans la position des centaines?*

_____

Mets les nombres dans l'ordre décroissant, du plus grand au plus petit.

⑦ 652 256 625   _____

⑧ 788 887 878   _____

⑨ 490 940 904   _____

Écris les nombres indiqués par les flèches.

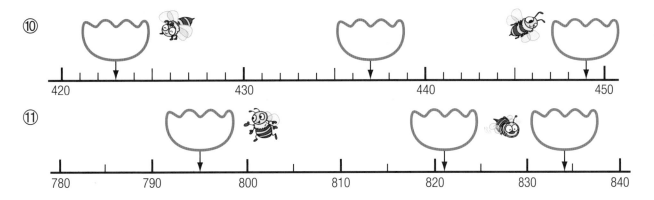

⑩

420   430   440   450

⑪

780   790   800   810   820   830   840

Regarde combien de pommes ont été vendues au cours des trois derniers jours. Écris les nombres. Ensuite, réponds aux questions.

⑫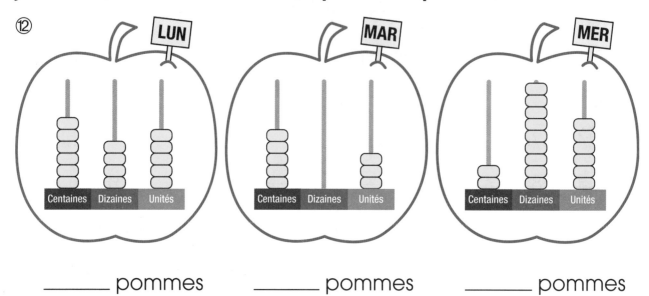

_____ pommes   _____ pommes   _____ pommes

⑬ Quel jour le plus de pommes ont-elles été vendues?

_____

⑭ Si 4 pommes de plus sont vendues jeudi que mercredi, combien de pommes sont-elles vendues jeudi?

_____ pommes

⑮ Si 3 pommes de moins sont vendues vendredi que mardi, combien de pommes sont-elles vendues vendredi?

_____ pommes

Continue les suites en dessinant des flèches et en écrivant les nombres. Ensuite, remplis les blancs pour dire comment compter par bonds.

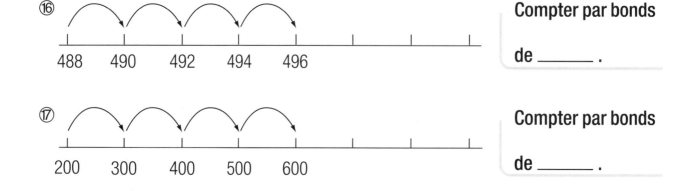

⑯ 488   490   492   494   496

Compter par bonds

de _____ .

⑰ 200   300   400   500   600

Compter par bonds

de _____ .

Dis comment compter par bonds dans chaque groupe. Ensuite, écris les cinq prochains nombres.

⑱ 425, 450, 475, 500, 525

Compte par bonds de _____ : _____

⑲ 700, 710, 720, 730, 740

Compte par bonds de _____ : _____

⑳ 690, 695, 700, 705, 710

Compte par bonds de _____ : _____

Réponds aux questions.

㉑  *Quels sont les nombres à 3 chiffres le plus grand et le plus petit?*

_____ ; _____

㉒  *Quels sont les cinq prochains nombres après 398?*

_____

㉓  *Écris cinq nombres qui sont plus grands que 388 mais plus petits que 436.*

_____

㉔ *Combien de nombres à 3 chiffres peuvent être formés avec ces balles? Écris-les.*

_____

_____

L'addition et la soustraction des nombres à 3 chiffres (1)

- Additionner des nombres à 3 chiffres avec ou sans regroupement.

- Soustraire des nombres à 3 chiffres avec ou sans emprunt.

Nombre de membres dans l'auditoire

```
  1 1
    8 9   adultes
+ 1 2 5   enfants
---------
  2 1 4   en tout
```

J'aimerais accueillir 214 d'entre vous ce soir.

Effectue les additions.

①
```
  2 3 4
+ 1 0 5
-------
  3 3 9
```

②
```
  2 1 6
+ 4 8 3
-------
```

③
```
  4 1 1
+   8 4
-------
```

④
```
  6 5 3
+ 1 1 4
-------
```

⑤
```
  5 2 1
+   4 7
-------
```

⑥
```
    6 5
+ 1 0 3
-------
```

⑦ 712 + 124 = _____

⑧ 335 + 161 = _____

⑨ 188 + 210 = _____

⑩ 427 + 402 = _____

Trouve les réponses. Ensuite, associe les chaussettes aux bons tiroirs. Écris les lettres.

⑪

 **A** 224 + 224 = _____

B 205 + 183 = _____

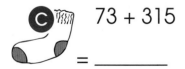 **C** 73 + 315 = _____

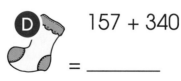 **D** 157 + 340 = _____

Réponses plus grandes que 450

Réponses plus petites que 450

Effectue les additions.

⑫

```
    ①
  3 2 7
+ 4 5 9
─────────
  7 8 6
```

⑬

```
  4 3 6
+ 1 2 7
```

⑭

```
    8 5
+ 5 1 6
```

⑮

```
  6 5 2
+ 1 4 9
```

⑯

```
  5 8 4
+ 2 6 6
```

⑰

```
  2 9 8
+ 2 9 8
```

⑱ 381 + 65 = _____

⑲ 289 + 350 = _____

⑳ 743 + 79 = _____

㉑ 157 + 644 = _____

㉒ 329 + 165 = _____

㉓ 590 + 286 = _____

Trouve les réponses. Ensuite, associe les jouets aux boîtes qui ont les mêmes réponses. Écris les lettres.

㉔

A 363 + 174 = _____

B 92 + 139 = _____

C 402 + 88 = _____

D 246 + 309 = _____

E 465 + 137 = _____

F 203 + 48 = _____

G 159 + 159 = _____

Les étapes pour effectuer une soustraction :

1ʳᵉ Soustraire les unités. Si les unités sont assez petites, emprunter aux dizaines.

2ᵉ Soustraire les dizaines. Si les dizaines sont assez petites, emprunter aux centaines.

3ᵉ Soustraire les centaines.

$$6 \quad 10 \quad 15$$
$$\cancel{7} \; \cancel{1} \; 5$$
$$- \; 2 \; 4 \; 8$$
$$\overline{4 \; 6 \; 7}$$

$15 - 8 = 7$
$10 - 4 = 6$
$6 - 2 = 4$

$715 - 248 = \underline{\textbf{467}}$

Effectue les soustractions.

㉕
$$\begin{array}{r} 475 \\ - \ 234 \\ \hline \end{array}$$

㉖
$$\begin{array}{r} 529 \\ - \ 108 \\ \hline \end{array}$$

㉗
$$\begin{array}{r} 683 \\ - \ 472 \\ \hline \end{array}$$

㉘
$$\begin{array}{r} ^{3 \ 13} \\ 5 \, \cancel{4} \, \cancel{3} \\ - \ 234 \\ \hline \end{array}$$

㉙
$$\begin{array}{r} ^{6 \ 12 \ 12} \\ \cancel{7} \, \cancel{3} \, \cancel{2} \\ - \ 458 \\ \hline \end{array}$$

㉚
$$\begin{array}{r} ^{3 \ 9 \ 15} \\ \cancel{4} \, \cancel{0} \, \cancel{5} \\ - \quad 67 \\ \hline \end{array}$$

㉛ $354 - 179 = \underline{\hspace{2cm}}$

㉜ $602 - 381 = \underline{\hspace{2cm}}$

㉝ $710 - 563 = \underline{\hspace{2cm}}$

㉞ $934 - 685 = \underline{\hspace{2cm}}$

Trouve les réponses. Ensuite, mets les colliers dans l'ordre décroissant, du plus grand au plus petit.

㉟ **A** $539 - 142 = \underline{\hspace{2cm}}$

B $700 - 464 = \underline{\hspace{2cm}}$

C $351 - 209 = \underline{\hspace{2cm}}$

D $802 - 381 = \underline{\hspace{2cm}}$

Dans l'ordre : \underline{\hspace{6cm}}

Résous les problèmes.

㊱ Timothée a 245 billes et Georges a 173 billes.

a. Combien de billes les garçons ont-ils en tout?

b. Combien de billes Timothée a-t-il de plus que Georges?

_____ billes

_____ de plus

㊲ Lucile a 318 autocollants. Katie a 57 autocollants de moins que Lucile.

a. Combien d'autocollants Katie a-t-elle?

b. Combien d'autocollants les filles ont-elles en tout?

_____ autocollants

_____ autocollants

㊳ Regarde les cadeaux de Mme Cowan.

a. Quelle est la différence entre les prix des cadeaux?

_____ $

b. Quel est le coût total des cadeaux?

_____ $

L'addition et la soustraction des nombres à 3 chiffres (2)

- Additionner et soustraire des nombres à 3 chiffres.
- Vérifier et estimer des réponses.
- Comprendre la relation entre l'addition et la soustraction.
- Résoudre des problèmes écrits.

Nombre de cubes de fromage

$$\begin{array}{r} {\scriptstyle 1\ 1} \\ 326 \\ +\ 289 \\ \hline 615 \end{array}$$

Je peux déplacer 615 cubes de fromage.

Additionne ou soustrais.

① $\begin{array}{r} 324 \\ +\ 183 \\ \hline \end{array}$

② $\begin{array}{r} 463 \\ +\ 287 \\ \hline \end{array}$

③ $\begin{array}{r} 506 \\ -\ 277 \\ \hline \end{array}$

④ $\begin{array}{r} 984 \\ -\ 399 \\ \hline \end{array}$

⑤ $\begin{array}{r} 721 \\ -\ 468 \\ \hline \end{array}$

⑥ $\begin{array}{r} 374 \\ +\ 533 \\ \hline \end{array}$

⑦ $65 + 708 = \underline{}$

⑧ $217 - 94 = \underline{}$

Effectue les soustractions. Ensuite, vérifie les réponses.

⑨ $\begin{array}{r} 524 \\ -\ 162 \\ \hline \end{array}$

Vérifier

$+\ \underline{}$

⑩ $\begin{array}{r} 200 \\ -\ 154 \\ \hline \end{array}$

Vérifier

$+\ \underline{}$

⑪ $\begin{array}{r} 405 \\ -\ 173 \\ \hline \end{array}$

Vérifier

$+\ \underline{}$

⑫ $\begin{array}{r} 371 \\ -\ 318 \\ \hline \end{array}$

Vérifier

$+\ \underline{}$

Arrondis chaque nombre à la centaine près. Estime. Ensuite, trouve la réponse exacte.

⑬

Estimer

```
   3 9 4        4 0 0
 + 2 1 9      + 2 0 0
```

⑭

Estimer

```
   7 0 6
 +   9 2
```

⑮

Estimer

```
   8 2 7
 - 1 8 3
```

⑯

Estimer

```
   5 8 6
 - 3 2 8
```

Trouve la somme et la différence pour chaque paire de nombres.

⑰ 319 254

Somme   Différence

⑱ 608 73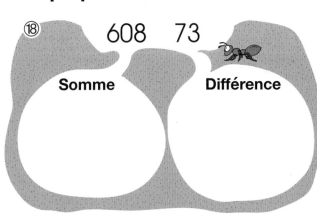

Somme   Différence

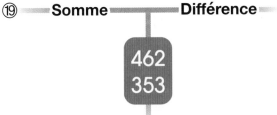

⑲ Somme ─── Différence

462
353

⑳ Somme ─── Différence

224
537

㉑ Somme ─── Différence

176
413

㉒ Somme ─── Différence

821
117

Associer l'addition à la soustraction :

125 + 239 = 364	364 − 125 = 239
239 + 125 = 364	364 − 239 = 125

125, 239 et 364 sont dans une famille de nombres.

Utilise les expressions numériques données pour trouver les réponses.

㉓　　　84 + 237 = 321

　　a.　237 + 84 = _____

　　b.　321 − 84 = _____

㉔　　　503 − 276 = 227

　　a.　227 + 276 = _____

　　b.　503 − 227 = _____

㉕　　　413 − 165 = 248

　　a.　165 + 248 = _____

　　b.　413 − 248 = _____

㉖　　　188 + 547 = 735

　　a.　547 + 188 = _____

　　b.　735 − 547 = _____

Aide les enfants à remplir leurs tableaux. Ensuite, remplis les blancs.

㉗ **Score de Tina**

	1er tour	2e tour	Total
A	263 points	points	503 points
B	177 points	413 points	points
C	points	316 points	497 points

㉘ **Score de Matthieu**

	1er tour	2e tour	Total
A	points	164 points	471 points
B	525 points	76 points	points
C	367 points	points	604 points

J'ai obtenu mon meilleur score en _____ .

J'ai obtenu mon meilleur score en _____ .

Résous les problèmes.

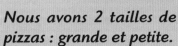

Nombre de pizzas vendues		
	Peppéroni	Végétarienne
LUN	218	182
MAR	174	203

㉙ Combien de pizzas au peppéroni ont-elles été vendues lundi et mardi?

_____ = _____

_____ pizzas au peppéroni

㉚ Combien de pizzas végétariennes ont-elles été vendues lundi et mardi?

_____ = _____

_____ pizzas végétariennes

Nous avons 2 tailles de pizzas : grande et petite.

㉛ 79 petites pizzas végétariennes ont été vendues lundi. Combien de grandes pizzas végétariennes ont-elles été vendues ce jour?

_____ = _____

_____ grandes pizzas végétariennes

㉜ Combien de pizzas végétariennes de plus ont-elles été vendues que de pizzas au peppéroni mardi?

_____ = _____

_____ de plus

㉝ *J'ai 154 parts de pizza. Si j'en donne 68 à mes amis, combien de parts de pizza me restera-t-il?*

_____ = _____

_____ parts de pizza

La longueur et la distance

- Estimer, mesurer et noter la longueur, la hauteur et la distance à l'aide d'unités de mesure conventionnelles comme le centimètre, le mètre et le kilomètre.

- Choisir l'unité de mesure la plus appropriée pour mesurer la longueur, la hauteur et la distance.

- Comparer et mettre dans l'ordre des objets à l'aide d'attributs mesurés en centimètres et en mètres.

Regarde, nous mesurons tous les deux environ 1 m.

Choisis les meilleures unités pour faire la mesure. Écris « km », « m » ou « cm » dans les cercles.

①

②

③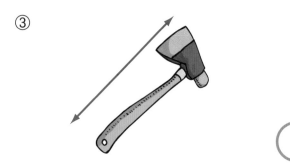

④

⑤

⑥

Remplis les blancs avec « km », « m » ou « cm » pour compléter les phrases.

⑦  La longueur d'une pelote de laine est d'environ 36 _____ .

⑧ L'épaisseur d'un livre est d'environ 3 _____ .

⑨ La distance entre Toronto et New York est d'environ 550 _____ .

⑩ Timothée mesure moins de 2 _____ .

⑪ Lucie a trouvé un ver de terre dans le jardin. Sa longueur était d'environ 12 _____ .

Estime la longueur de chaque ligne. Ensuite, mesure et note la longueur exacte. Utilise les mots donnés si nécessaire.

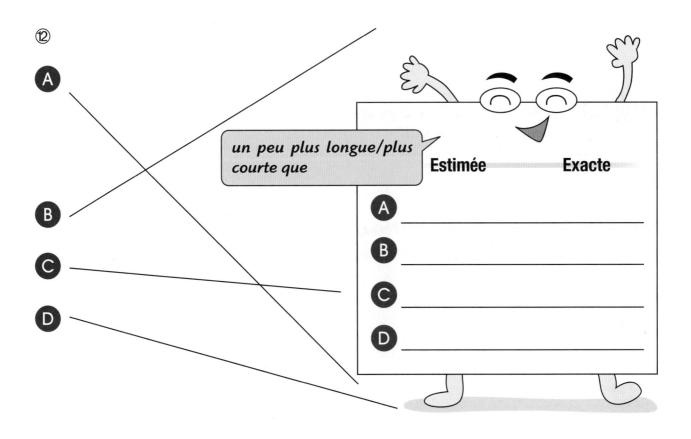

Mesure et note la longueur ou la hauteur de chaque chose. Ensuite, dessine chaque objet et note sa mesure.

⑬

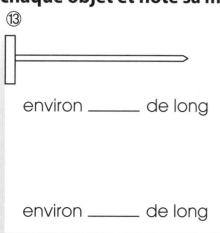

environ _____ de long

Dessine un crayon qui mesure 2 cm plus long que le clou.

environ _____ de long

⑭

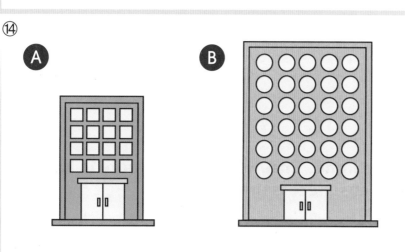

Ⓐ

Ⓑ

environ _____ de haut   environ _____ de haut   environ _____ de haut

Dessine un arbre qui est plus grand que A mais plus petit que B.

Mesure et note la longueur de chaque ligne en centimètres.

⑮

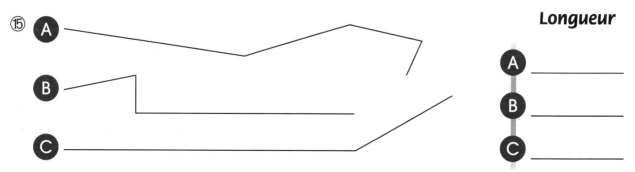

Longueur

Ⓐ _____

Ⓑ _____

Ⓒ _____

Regarde le diagramme. Trouve les longueurs des routes. Ensuite, trace des lignes sur le diagramme et réponds aux questions.

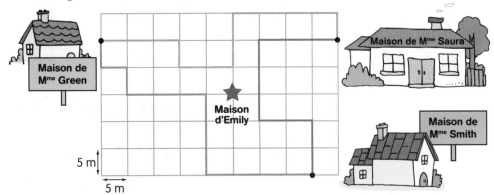

⑯ a. De la maison de Mme Green à la maison de Mme Saura :

_____ m

b. De la maison de Mme Green à la maison de Mme Smith :

_____ m

c. De la maison de Mme Saura à la maison de Mme Smith :

_____ m

⑰ a. *Avec un stylo rouge, trace une nouvelle route sur le diagramme pour montrer à Mme Green la route la plus courte qui relie sa maison à la maison de Mme Saura.*

b. La longueur de la route est de _____ m.

⑱ a. *Avec un stylo vert, trace une nouvelle route sur le diagramme pour montrer à Mme Smith la route la plus courte qui relie sa maison à la maison de Mme Saura.*

b. La longueur de la route est de _____ m.

⑲ *Je veux rendre visite à la dame qui habite le plus près de chez moi. À qui vais-je rendre visite?*

_____

Le périmètre et l'aire

- Comprendre la signification du périmètre et de l'aire.

- Estimer, mesurer et noter le périmètre de figures en 2D.

- Estimer, mesurer et noter l'aire de figures.

Le périmètre du tapis mesure environ 150 cm.

L'aire du tapis est plus ou moins la même que l'aire totale de 9 carreaux.

Utilise un stylo rouge pour tracer le périmètre de chaque figure.

①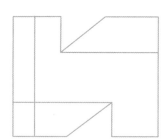

②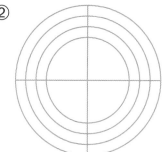

③

Trouve le périmètre de chaque figure.

④

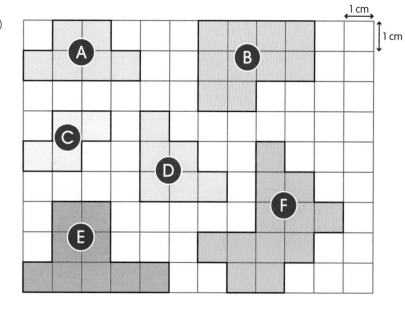

1 cm
1 cm

	Périmètre
A	
B	
C	
D	
E	
F	

Estime le périmètre de chaque figure. Ensuite, mesure et note le périmètre exact.

⑤

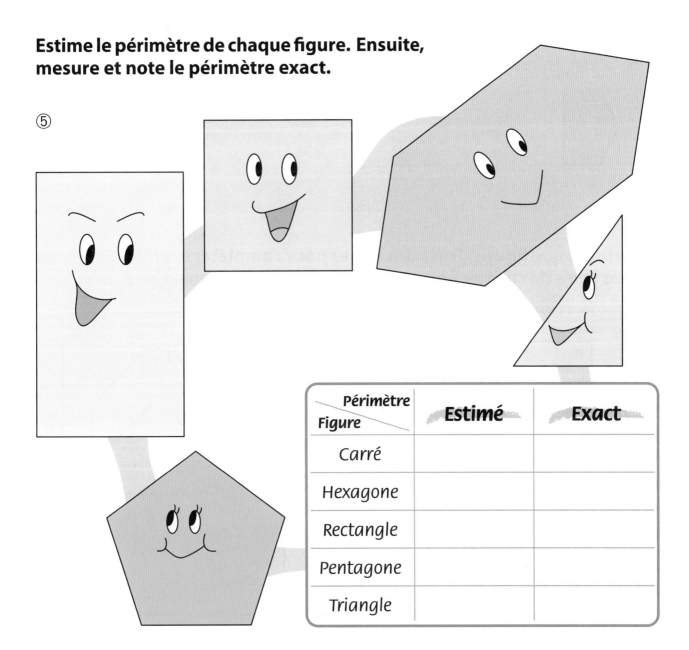

Périmètre Figure	Estimé	Exact
Carré		
Hexagone		
Rectangle		
Pentagone		
Triangle		

Dessine les figures sur la grille.

⑥

Dessine un carré qui a un périmètre de 12 cm et un rectangle qui a un périmètre de 14 cm.

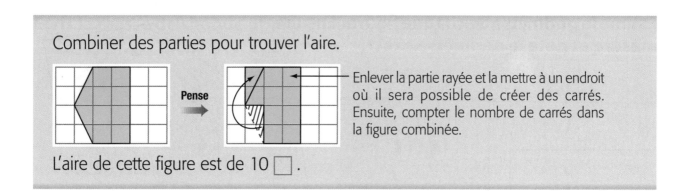

Combiner des parties pour trouver l'aire.

Pense ➡

Enlever la partie rayée et la mettre à un endroit où il sera possible de créer des carrés. Ensuite, compter le nombre de carrés dans la figure combinée.

L'aire de cette figure est de 10 ☐ .

Colorie chaque figure. Trace des lignes pour compléter la grille. Estime et trouve l'aire de chaque figure. Ensuite, réponds aux questions.

⑦

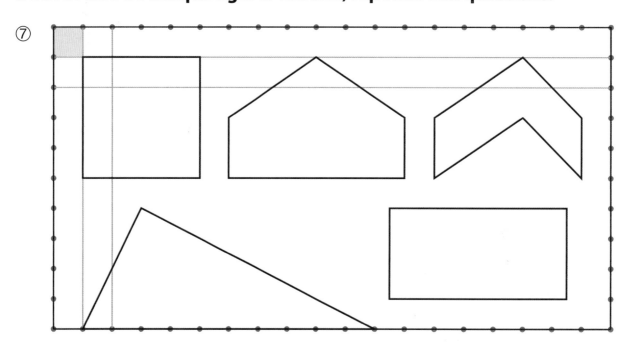

⑧

Aire Figure	Estimé	Exact
Carré		
Pentagone		
Hexagone		
Triangle		
Rectangle		

⑨ Quelle figure a la plus grande aire?

_____

⑩ Si le carré est coupé en deux triangles identiques, quelle est l'aire de chaque triangle?

_____

Dessine les figures sur la grille.

⑪

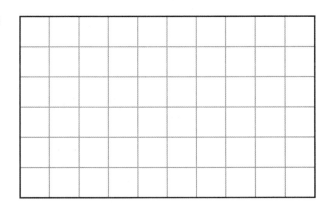

Dessine un carré qui a une aire de 4 ☐ et un rectangle qui a une aire de 15 ☐ .

Les enfants ont utilisé deux grilles différentes pour mesurer l'aire d'un set de table. Aide-les à noter les mesures. Ensuite, réponds aux questions.

⑫

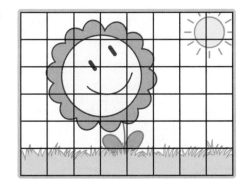

_____ ☐

_____ ☐

⑬ Plus l'aire d'une unité est grande, plus le nombre d'unités

utilisées pour couvrir une surface est   petit / grand   .

⑭

Combien de triangles faut-il pour couvrir le set de table?

_____

L'heure et la température

- Lire, dire et écrire l'heure avec la notation sur 24 heures.
- Trouver des intervalles de temps.
- Lire les températures de l'eau et de l'aire en degrés Celsius.

Tu as fini l'assiette de frites en moins de 2 minutes.

Début
05:42

Fin
05:44

Remplis les blancs pour dire l'heure.

①

3 h _____

②

_____ h 40

③

8 h _____

Dis l'heure de deux manières.

④ **A** 10 h _____ ;

_____ heures vingt-cinq

B _____ ;

_____

C _____ ; _____

D _____ ; _____

E _____ ; _____

Associe les horloges aux heures en lettres. Écris les lettres.

⑤ _____ deux heures trente-trois

_____ huit heures vingt-trois

_____ trois heures douze

_____ deux heures cinquante-huit

_____ trois heures vingt-trois

_____

> *Mon dîner commence à douze heures huit.*

 A 8h23

 B 2h33

 C 3h23

 D 2h58

E 12h08

F 3h12

Aide John à écrire les heures pour compléter son horaire. Ensuite, mets ses activités dans l'ordre de 1 à 5.

⑥

Regarder un film

_____ (soir)

dix-sept heures cinquante-quatre

Rendre visite à grand-mère

8 h 13 (matin)

_____

_____

Me faire couper les cheveux

10 h 27 (matin)

_____

_____

John

Dîner avec Pierre

_____ (après-midi)

douze heures trois

Aller à la bibliothèque

_____ (après-midi)

quinze heures trente-deux

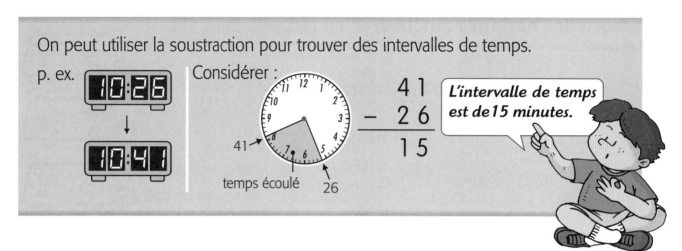

On peut utiliser la soustraction pour trouver des intervalles de temps.

p. ex.

Considérer :

$$\begin{array}{r} 4\,1 \\ -\ 2\,6 \\ \hline 1\,5 \end{array}$$

L'intervalle de temps est de 15 minutes.

41 ➜

temps écoulé   26

Regarde l'heure que chaque élève prend pour aller de sa maison à la bibliothèque. Trouve l'intervalle de temps. Ensuite, réponds à la question.

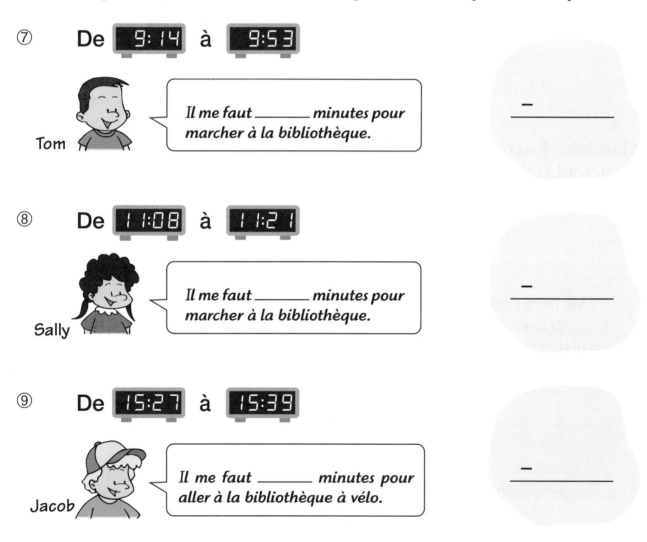

⑦ De **9:14** à **9:53**

Tom

Il me faut _____ minutes pour marcher à la bibliothèque.

_____

⑧ De **11:08** à **11:21**

Sally

Il me faut _____ minutes pour marcher à la bibliothèque.

_____

⑨ De **15:27** à **15:39**

Jacob

Il me faut _____ minutes pour aller à la bibliothèque à vélo.

_____

⑩ Qui habite le plus près de la bibliothèque? _____

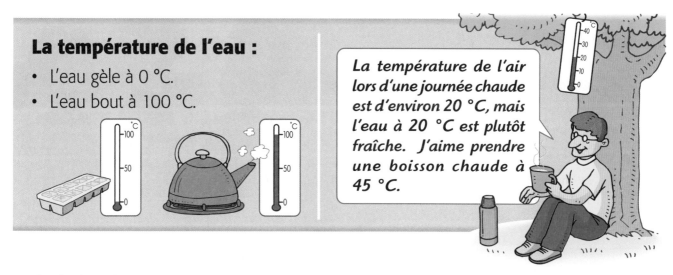

La température de l'eau :

- L'eau gèle à 0 °C.
- L'eau bout à 100 °C.

La température de l'air lors d'une journée chaude est d'environ 20 °C, mais l'eau à 20 °C est plutôt fraîche. J'aime prendre une boisson chaude à 45 °C.

Colorie les thermomètres pour montrer les températures. Ensuite, associe les thermomètres aux images correspondantes. Écris les lettres.

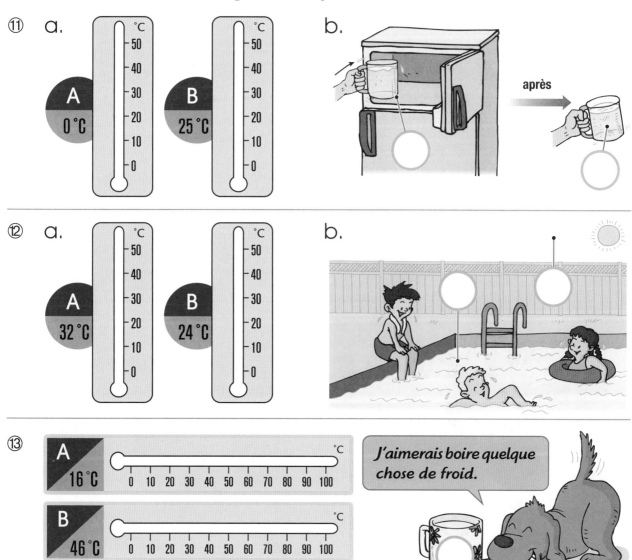

⑪ a. A 0 °C B 25 °C b. après

⑫ a. A 32 °C B 24 °C b.

⑬ A 16 °C B 46 °C J'aimerais boire quelque chose de froid.

L'argent

- Décrire les relations entre les pièces de monnaie et les billets jusqu'à 10 $.

- Estimer et écrire des sommes d'argent jusqu'à 10 $.

- Additionner des sommes d'argent pour faire des achats jusqu'à 10 $.

J'ai 10 dollars.

J'ai cinq pièces de 2 dollars.

Ne sais-tu pas qu'un billet de 10 dollars est la même chose que cinq pièces de 2 dollars?

Coche ✔ le nombre correct de pièces de monnaie ou de billets qui correspond à la somme d'argent surlignée.

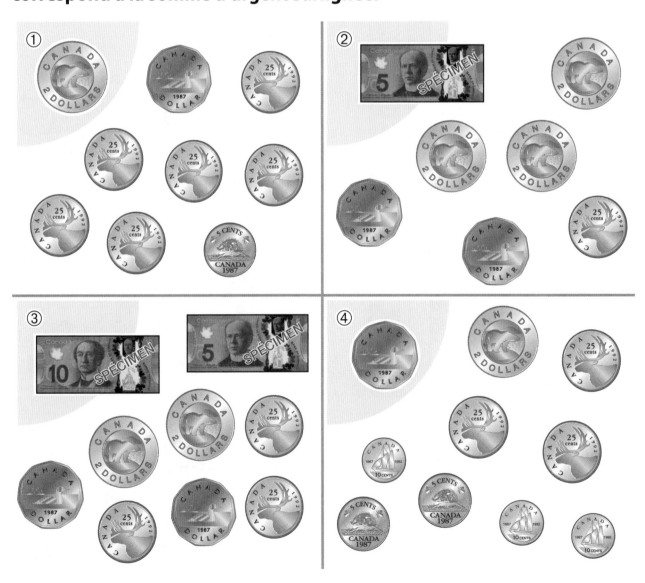

Estime et trouve la somme d'argent exacte qu'a chaque enfant. Ensuite, réponds aux questions.

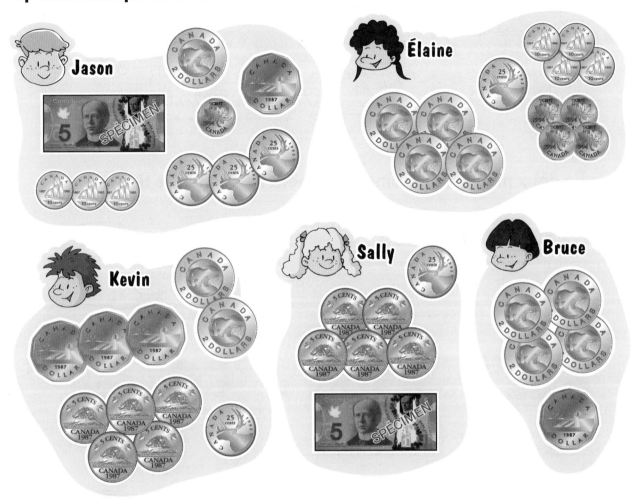

⑤

	Estimé		Exact	
Jason	dollars	cents	dollars	cents
Élaine				
Kevin				
Sally				
Bruce				

⑥ Qui a le plus d'argent? _____

⑦ Qui a le moins d'argent? _____

Différentes manières d'écrire la somme d'argent :

Voilà 3 dollars 36 cents.

dollars ⟵⌐⟶ cents

3 dollars 36 cents = **3,36 $**

Il y a 100 cents dans 1 dollar.

Écris de deux manières la somme d'argent dans chaque tirelire.

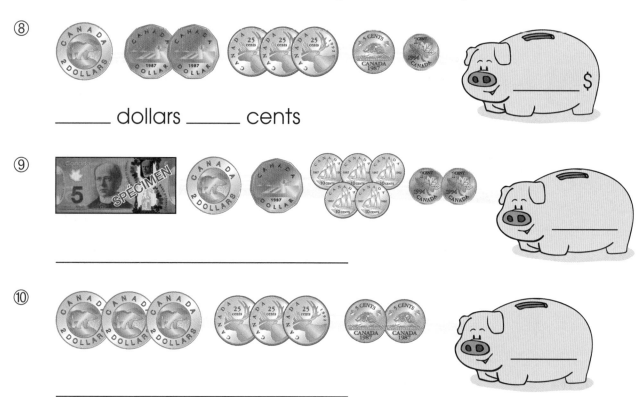

⑧ _____ dollars _____ cents

⑨ _____

⑩ _____

Remplis les blancs.

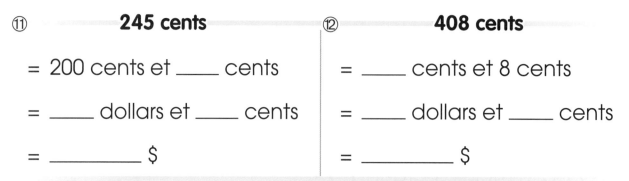

⑪ **245 cents**

= 200 cents et _____ cents

= _____ dollars et _____ cents

= _____ $

⑫ **408 cents**

= _____ cents et 8 cents

= _____ dollars et _____ cents

= _____ $

Dessine le moins de billets et de pièces de monnaie pour représenter le prix de chaque robot.

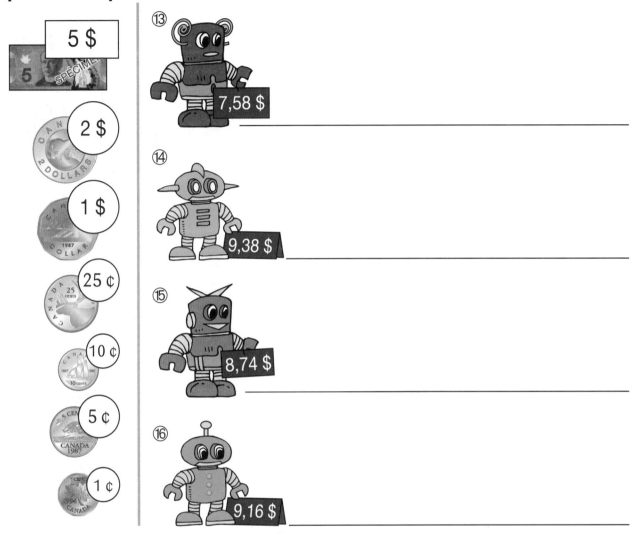

⑬ 7,58 $

⑭ 9,38 $

⑮ 8,74 $

⑯ 9,16 $

Lis ce que dit la fille. Dessine le moins de billets et de pièces de monnaie pour représenter l'argent de la fille.

⑰

J'ai 6,88 $.

J'ai 5 ¢ de plus que toi.

L'addition et la soustraction de l'argent

5 $ = 4 dollars
100 cents

- Additionner et soustraire des sommes d'argent pour faire des achats et la monnaie jusqu'à 10 $.

- Résoudre des problèmes d'argent.

Vous me rendez 2,51 $, n'est–ce pas?

2,49 $

dollar	cent
4	100
− 2	49
2	51

Regarde les images. Trouve les coûts et réponds à la question.

A 3,21 $ B 2,38 $ C 3,27 $ D 4,49 $

①
dollar	cent

A
B + _____

②
dollar	cent

B
C + _____

③
dollar	cent

A
D + _____

④
dollar	cent

C
D + _____

⑤
dollar	cent

B
D + _____

⑥
dollar	cent

A
C + _____

⑦  *Quelle paire de jouets est la plus chère?*

_____

Regarde les jouets à la page précédente. Trouve la somme payée par chaque enfant et le jouet qu'il veut. Ensuite, trouve leur monnaie.

⑧ Jean paie _____ $ pour Ⓐ .

dollar cent

— _____ Monnaie : _____ $

⑨ Kenny paie _____ $ pour Ⓒ .

dollar cent

— _____ Monnaie : _____ $

⑩ Louis paie _____ $ pour Ⓑ .

dollar cent

— _____ Monnaie : _____ $

⑪ François paie _____ $ pour Ⓓ .

dollar cent

— _____ Monnaie : _____ $

Additionner de l'argent :

dollar	cent
1	
3	8 7
+ 1	4 9
5	3 6

1 $ = 100 ¢

87 + 49 = 136
Échanger 100 cents contre un dollar.

3,87 $ + 1,49 $

= **5,36 $**

Soustraire de l'argent :

dollar	cent
4	129
5̶	2̶ 9̶
− 1	6 8
3	6 1

Échanger 1 dollar contre 100 cents.
100 + 29 = 129

5,29 $ − 1,68 $

= **3,61 $**

Remplis les reçus.

1,88 $

4,89 $

3,19 $

2,16 $

⑫ *Supermarché* R & A

Casse-tête _____ $
Craquelins _____ $
Total _____ $
ESPÈCES 10,00 $
MONNAIE _____ $

⑬ *Supermarché* R & A

Détergent _____ $
Pain _____ $
Total _____ $
ESPÈCES _____ $
MONNAIE 0,21 $

⑭ *Supermarché* R & A

Craquelins _____ $
Pain _____ $
Total _____ $
ESPÈCES 6,00 $
MONNAIE _____ $

⑮ *Supermarché* R & A

Détergent _____ $
Détergent _____ $
Total _____ $
ESPÈCES _____ $
MONNAIE 1,24 $

⑯ *Supermarché* R & A

Pain _____ $
_____ _____ $
Total 7,05 $
ESPÈCES _____ $
MONNAIE 0,20 $

⑰ *Supermarché* R & A

Craquelins _____ $
_____ _____ $
Total 5,07 $
ESPÈCES _____ $
MONNAIE 4,93 $

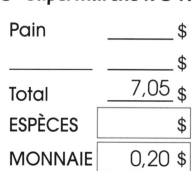

Résous les problèmes.

⑱ Mᵐᵉ Smith paie 5 $ pour un livre qui coûte 3,77 $. Combien de monnaie lui rend-on?

dollar   cent

_____ $

⑲ Jordan a 4,25 $. S'il veut acheter un porte-clés qui coûte 6,42 $, combien de plus lui faut-il?

dollar   cent

_____ $

⑳ Une boîte de chocolats coûte 3,66 $. Combien 2 boîtes de chocolats coûtent-elles?

dollar   cent

_____ $

㉑ Adam a 5,27 $ et son frère a 3,64 $. Combien d'argent les garçons ont-ils en tout?

dollar   cent

_____ $

㉒ *J'ai 9,50 $. Penses-tu que j'aie assez d'argent pour acheter 2 coupes glacées pour mes parents? Si non, combien d'argent de plus me faut-il?*

Promotion

4,77 $

_____

La capacité et la masse

- Estimer, mesurer et noter la capacité de récipients en utilisant des litres et des fractions de litre.

- Estimer, mesurer et noter la masse d'objets en utilisant des kilogrammes et des fractions de kilogramme.

Ça devient de plus en plus lourd.

Classe les récipients. Écris les lettres. Ensuite, réponds aux questions.

①
 A
 B
C **Jus**

 D
 E
F **Lait 1 L**

 G
 H
 I

• environ 1 L :

_____

• moins de 1 L :

_____

• plus de 1 L :

_____

② Quel récipient contient le plus? _____

③ Quel récipient contient le moins? _____

Indique le niveau d'eau dans chaque récipient.

④

- 4 L
- 3
- 2
- 1

3 L

⑤
- 5 L
- 4
- 3
- 2
- 1

4 L

⑥
- 10 L
- 8
- 6
- 4
- 2

5 L

Quelle capacité semble raisonnable? Encercle la réponse correcte.

⑦

environ 50 L

plus de 200 L

⑧

moins de 5 L

environ 100 L

⑨

moins de 1 L

environ 10 L

Chaque récipient a une capacité de 1 L. À l'aide des mots donnés, écris la quantité d'eau dans chaque récipient.

⑩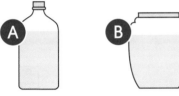
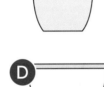

un quart   une moitié   trois quarts

A _____ de litre

B _____

C _____

D _____

Regarde les récipients. Remplis les blancs.

⑪ La brique de jus peut contenir _____

de litre de jus. Il faut environ _____ briques

de jus remplies d'eau pour remplir le pot de

crème glacée.

⑫ La grande bouteille d'eau peut contenir

_____ d'eau. Il faut environ _____ seaux

d'eau pour remplir la grande bouteille.

Écris la masse de chaque objet. Ensuite, réponds aux questions.

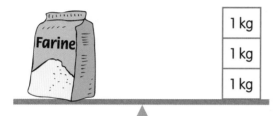

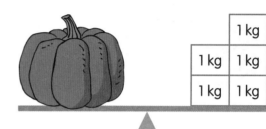

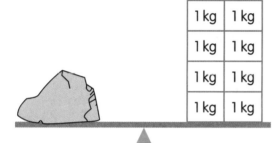

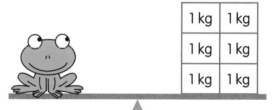

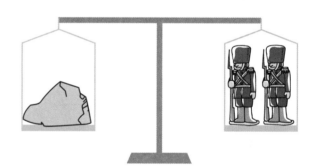

⑬

Masse

Farine : _____

Citrouille : _____

Roche : _____

Grenouille : _____

Melon d'eau : _____

Soldat de plomb : _____

⑭ Le/La _____ et le/la _____
ont la même masse.

⑮ Il faut _____ sacs de farine pour faire le
même poids que la grenouille.

⑯ Dessine le nombre correct de $\boxed{1\,kg}$ pour
équilibrer les objets.

Chaque récipient peut contenir 1 kg de sucre. À l'aide des mots donnés, écris la quantité de sucre dans chaque récipient.

un quart   une moitié   trois quarts

⑰

A _____ de kilogramme

B _____

C _____

D _____

Regarde les images. Remplis les blancs.

⑱ a. Une moitié de melon d'eau pèse _____ kg.

b. Le melon d'eau entier pèse _____ kg.

c. Si Jason coupe une moitié du melon d'eau en deux, chaque tranche pèsera _____ kg.

⑲ a. 4 boîtes de chocolats pèsent _____ kg.

b. Chaque boîte de chocolats pèse _____ de 1 kg.

c. *Si je peux soulever 10 kg à la fois, combien de boîtes de chocolats serai-je capable de soulever d'un seul coup?*

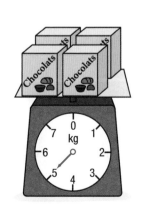

_____ boîtes de chocolats

La multiplication (1)

$$\begin{array}{r} 4 \\ \times\ 5 \\ \hline 2\ 0 \end{array}$$

- Comprendre la multiplication comme addition répétée.
- Multiplier jusqu'à 7 x 7.
- Multiplier un nombre à 1 chiffre par 8 ou 9 à l'aide d'images.

Rends-moi tous les 20 anneaux!

Encercle les objets. Ensuite, remplis les blancs.

① Encercle par groupes de 3 .

3 + 3 + 3 + 3 + _____

= ____ groupes de 3

= ____ x 3

= _____

② Encercle par groupes de 4 .

4 + _____

= ____ groupes de ____

= ____ x ____

= _____

③ Encercle par groupes de 5  .

5 + _____

= ____ groupes de ____

= ____ x ____

= _____

Regarde les images. Remplis les blancs.

④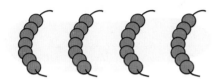

_____ groupes de 7

= _____ fois 7

= _____ x 7

= _____

⑤

_____ groupes de 9

= _____ fois 9

= _____ x 9

= _____

⑥

_____ groupes de 5

= _____ fois 5

= _____ x 5

= _____

⑦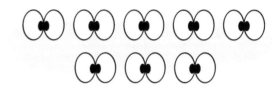

_____ groupes de 2

= _____ fois 2

= _____ x 2

= _____

Écris une expression de multiplication qui correspond à chaque groupe d'objets.

⑧

_____ X _____ = _____

⑨

_____ X _____ = _____

⑩

_____ X _____ = _____

⑪

_____ X _____ = _____

Dessine des flèches pour continuer les régularités. Ensuite, compte par bonds de 3, de 4 ou de 7 pour écrire les nombres qui manquent.

⑫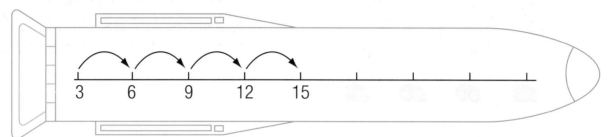

⑬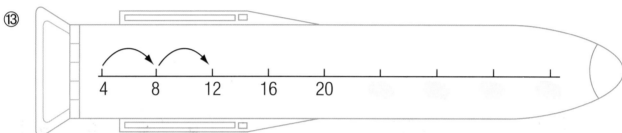

⑭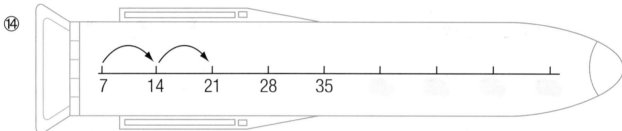

Complète les tables de multiplication.

⑮ 1 x 6 = _6_

2 x 6 = _12_

3 x 6 = _18_

4 x 6 = _24_

5 x 6 = _____

6 x 6 = _____

7 x 6 = _____

8 x 6 = _____

9 x 6 = _____

⑯ 1 x 2 = _2_

2 x 2 = _4_

3 x 2 = _6_

4 x 2 = _8_

5 x 2 = _10_

6 x 2 = _12_

7 x 2 = _14_

8 x 2 = _16_

9 x 2 = _18_

⑰ 1 x 5 = _5_

2 x 5 = _10_

3 x 5 = _15_

4 x 5 = _20_

5 x 5 = _____

6 x 5 = _____

7 x 5 = _____

8 x 5 = _____

9 x 5 = _____

Les tables de multiplication :

signe de multiplication →

x	1	2	3	4	5	6	7
1							
2					10←		
3							
4							
5		10←					
6							
7							

Un nombre de

◻ ◻

2 **x** 5

5 **x** 2

Complète la table de multiplication. Ensuite, trouve les réponses.

⑱

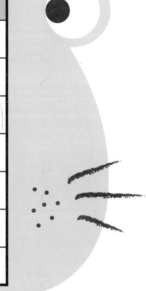

X	1	2	3	4	5	6	7
1	1	2	3	4		6	7
2	2	4	6	8			
3	3	6	9	12	15	18	21
4	4	8	12	16	20	24	28
5	5	10	15	20			
6	6		18	24	30		
7	7		21	28			49

⑲ $4 \times 6 = 24$

⑳ $5 \times 3 = $ _____

㉑ $2 \times 7 = 14$

㉒ $6 \times 6 = $ _____

㉓ $4 \times 5 = 20$

㉔ $6 \times 7 = $ _____

㉕ *Lily, Louis, Michel et moi, nous avons chacun 6 sucettes. Combien de sucettes avons-nous en tout?*

_____ sucettes

La multiplication (2)

- Effectuer la multiplication verticale.
- Utiliser la multiplication pour résoudre des problèmes.

> *Bobby est debout sur 24 blocs.*

Effectue les multiplications.

①
$$\begin{array}{r} 3 \\ \times\ 9 \\ \hline \end{array}$$

②
$$\begin{array}{r} 4 \\ \times\ 8 \\ \hline \end{array}$$

③
$$\begin{array}{r} 6 \\ \times\ 5 \\ \hline \end{array}$$

④
$$\begin{array}{r} 7 \\ \times\ 6 \\ \hline \end{array}$$

⑤
$$\begin{array}{r} 2 \\ \times\ 7 \\ \hline \end{array}$$

⑥
$$\begin{array}{r} 5 \\ \times\ 5 \\ \hline \end{array}$$

⑦
$$\begin{array}{r} 4 \\ \times\ 6 \\ \hline \end{array}$$

⑧
$$\begin{array}{r} 5 \\ \times\ 3 \\ \hline \end{array}$$

⑨
$$\begin{array}{r} 3 \\ \times\ 8 \\ \hline \end{array}$$

⑩
$$\begin{array}{r} 7 \\ \times\ 4 \\ \hline \end{array}$$

⑪
$$\begin{array}{r} 5 \\ \times\ 9 \\ \hline \end{array}$$

⑫
$$\begin{array}{r} 4 \\ \times\ 9 \\ \hline \end{array}$$

⑬
$$\begin{array}{r} 6 \\ \times\ 8 \\ \hline \end{array}$$

⑭
$$\begin{array}{r} 7 \\ \times\ 5 \\ \hline \end{array}$$

Écris les nombres qui manquent.

⑮
$$\begin{array}{r} 3 \\ \times\ \\ \hline 2\,4 \end{array}$$

⑯
$$\begin{array}{r} 7 \\ \times\ \\ \hline 4\,9 \end{array}$$

⑰
$$\begin{array}{r} 6 \\ \times\ \\ \hline 1\,8 \end{array}$$

⑱
$$\begin{array}{r} 4 \\ \times\ \\ \hline 2\,8 \end{array}$$

Les élèves échangent leurs choses contre des bonbons avec Sally. Combien de bonbons auront-ils?

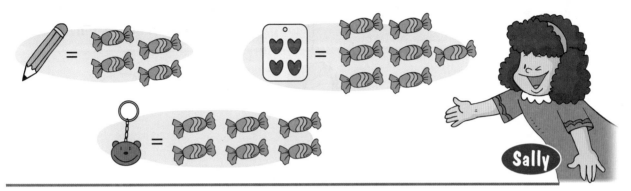

⑲ Marie échange 6 crayons contre des bonbons. Combien de bonbons aura-t-elle?

_____ bonbons

X _____

⑳ Jean échange 3 porte-clés contre des bonbons. Combien de bonbons aura-t-il?

_____ bonbons

_____

㉑ Lucie a 4 feuilles d'autocollants. Si elle veut les échanger contre des bonbons, combien de bonbons aura-t-elle?

_____ bonbons

_____

㉒ Katie veut échanger soit 5 feuilles d'autocollants, soit 6 porte-clés contre des bonbons. Lesquels devrait-elle échanger pour avoir plus de bonbons?

_____   _____

_____

Lis ce que disent les enfants. Résous les problèmes.

㉓

a. Combien de pommes y a-t-il dans 4 paniers?

b. Chaque pomme coûte 7 ¢. Combien un panier de pommes coûte-t-il?

_____ pommes

_____ ¢

㉔

a. Combien de pièces de monnaie y a-t-il sur 3 pages?

b. 1 pièce de monnaie pèse autant que 5 trombones. Quelle est la masse des pièces de monnaie sur 1 page?

_____ pièces de monnaie

_____ trombones

㉕

a. Il y a 6 muffins dans une boîte. Combien de muffins y a-t-il dans 5 boîtes?

b. Il y a 7 membres dans ma famille. Si chaque membre mange 2 muffins par jour, combien de muffins mangeons-nous chaque jour?

_____ muffins

_____ muffins

Aide les filles à trouver le nombre de points que gagne chaque amie. Complète le tableau. Ensuite, réponds aux questions.

Chacune de nous peut piocher 6 cartes.

7 points   **5 points**   **4 points**

㉖

			Total
Tina	4 ____ points	2 ____ points	____ points
Eva	2 ____ points	4 ____ points	____ points
Susan	5 ____ points	1 ____ points	____ points

㉗ Qui a le plus de points? _____

㉘ Qui a le moins de points? _____

㉙ Si Eva pioche 2 🐰 au lieu de 2 🐑, va-t-elle gagner? _____

㉚

J'ai enlevé 2 🐵 à Eva. Combien de points Eva a-t-elle maintenant?

_____ points

14

La division (1)

Tu as utilisé l'ensemble des 28 perles pour faire 4 bracelets de 7 perles.

- Diviser un ensemble d'objets en groupes d'un certain nombre.
- Diviser un ensemble d'objets en groupes égaux.
- Résoudre des problèmes de division.

Encercle les objets. Ensuite, remplis les blancs.

① Encercle par groupes de 3.

Il y a _____ pommes. Si je mange

3 pommes par jour, il me faudra

_____ jours pour les finir toutes.

② Encercle par groupes de 7.

Il y a _____ cerises. S'il y a 7 cerises

dans un groupe, il y aura _____

groupes en tout.

③ Encercle par groupes de 5.

Il y a _____ arachides. Si je mets

5 arachides dans un sac, j'aurai

besoin de _____ sacs en tout.

Dessine les objets dans les espaces donnés. Ensuite, remplis les blancs.

④ Mets 28 clous de manière égale dans 4 boîtes.

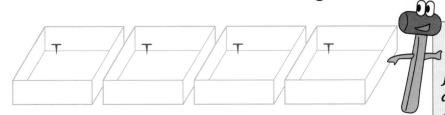

Mets un clou dans une boîte à la fois et continue jusqu'à ce que tu finisses de mettre tous les 28 clous dans les boîtes.

Il y a _____ clous dans chaque boîte.

⑤ Mets 12 poissons de manière égale dans 6 filets.

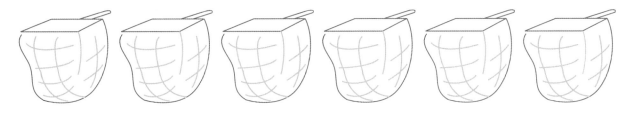

Il y a _____ poissons dans chaque filet.

⑥ Mets 15 pommes de terre de manière égale dans 5 marmites.

Il y a _____ pommes de terre dans chaque marmite.

⑦ Donne 18 fleurs de manière égale aux 3 abeilles.

Chaque abeille a _____ fleurs.

Dessine les objets qui manquent. Ensuite, remplis les blancs.

⑧ 24 poissons dans 4 rangées

Il y a ____ poissons dans chaque rangée.

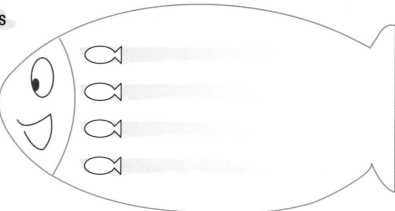

⑨ 21 fenêtres sur 3 étages

Il y a ____ fenêtres sur chaque étage.

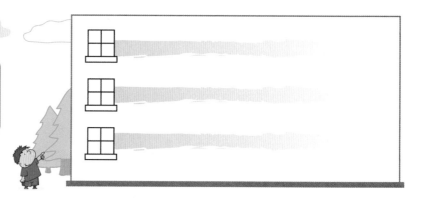

⑩ 35 autocollants en forme de soleil collés en rangées de 7

Il y a ____ rangées d'autocollants en forme de soleil.

⑪ 12 empreintes trouvées en rangées de 4

Il y a ____ rangées d'empreintes.

Regarde les images. Ensuite, remplis les blancs.

⑫ a. Mme Smith a _____ bagues.

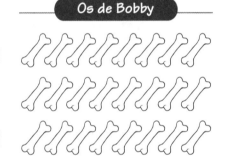

Bagues de Mme Smith

b. Si Mme Smith met 5 bagues dans une boîte, elle a besoin de _____ boîtes en tout.

c. Si elle met 3 bagues dans une boîte, elle a besoin de _____ boîtes en tout.

⑬ a. Bobby a _____ os.

Os de Bobby

b. Si Bobby met 8 os dans un trou, il a besoin de _____ trous en tout.

c. Si Bobby mange 4 os par jour, il lui faudra _____ jours pour finir les os.

Lis ce que dit Linda. Coche ✔ la lettre correcte.

⑭ *Je partagerai mes bonbons avec mes 2 amies. Chacune de nous aura 9 bonbons. Quel groupe de bonbons est le mien?*

Ⓐ

Ⓑ

Ⓒ

15

Je t'ai aidé à mettre 13 sucettes de manière égale sur 4 supports et il en reste 1. Alors, je devrais la garder.

La division (2)

- Utiliser un signe de division pour écrire des phrases de division.

- Effectuer la division longue et la division avec un reste.

- Résoudre des problèmes de division.

$13 \div 4 = 3R1$

Regarde comment Mme Green emballe ses muffins. Complète les phrases de division.

① 20 muffins divisés en groupes de 4

$20 \div 4 =$ _____   Il y a _____ groupes de 4.

② 15 muffins divisés en groupes de 5

$15 \div 5 =$ _____   Il y a _____ groupes de 5.

③

Chaque boîte peut contenir 6 muffins. Combien de boîtes me faut-il pour contenir 24 muffins?

 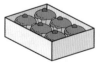

$24 \div 6 =$ _____

Mme Green a besoin de _____ boîtes en tout.

Colorie les images. Ensuite, utilise la division longue pour trouver les réponses.

④ Jason colorie tous les 3 ballons de la même couleur. S'il a 18 ballons, combien de couleurs différentes utilise-t-il?

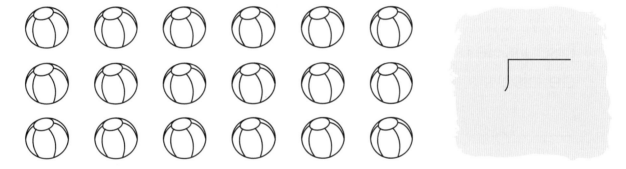

Il utilise _____ couleurs différentes.

⑤ Anita a 20 fleurs. Combien de couleurs différentes utilise-t-elle si elle colorie toutes les 5 fleurs de la même couleur?

Elle utilise _____ couleurs différentes.

Effectue les divisions.

⑥

$$5\overline{)30}$$

⑦

$$8\overline{)24}$$

⑧

$$2\overline{)16}$$

⑨

$$7\overline{)42}$$

⑩ $15 \div 3 =$ _____

⑪ $20 \div 4 =$ _____

⑫ $24 \div 6 =$ _____

⑬ $12 \div 4 =$ _____

⑭ $18 \div 6 =$ _____

⑮ $21 \div 3 =$ _____

⑯ $25 \div 5 =$ _____

⑰ $49 \div 7 =$ _____

⑱ $30 \div 6 =$ _____

Résous les problèmes.

⑲ May, Sam et Ted partagent 27 biscuits de manière égale. Combien de biscuits chaque enfant a-t-il?

_____ biscuits

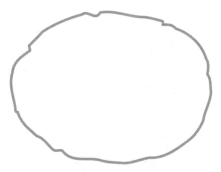

⑳ Chaque poupée coûte 2 $. Combien de poupées Linda peut-elle acheter avec 16 $?

_____ poupées

㉑ Marie a 30 autocollants. Si elle met 5 autocollants dans chaque boîte, combien de boîtes lui faut-il pour contenir tous les autocollants?

_____ boîtes

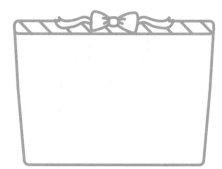

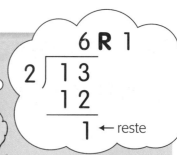

J'ai 13 pommes. Si je mets 2 pommes par assiette, combien d'assiettes me faut-il? Combien de pommes reste-t-il?

Tu as besoin de 6 assiettes. Il reste 1 pomme.

$$6 \text{ R } 1$$
$$2 \overline{)13}$$
$$12$$
$$1 \leftarrow \text{reste}$$

$$13 \div 2 = \underline{\textbf{6R1}}$$

Effectue les divisions.

㉒
$$4\overline{)15} \text{ R } \underline{\quad}$$

㉓
$$3\overline{)20} \text{ R } \underline{\quad}$$

㉔
$$7\overline{)18} \text{ R } \underline{\quad}$$

㉕ $11 \div 5 = \underline{\quad\quad}$

㉖ $19 \div 6 = \underline{\quad\quad}$

㉗ $18 \div 4 = \underline{\quad\quad}$

㉘ $14 \div 3 = \underline{\quad\quad}$

Résous les problèmes.

㉙ Judy a 25 autocollants. Si elle met 7 autocollants par sac, combien de sacs lui faut-il? Combien d'autocollants reste-t-il?

$$\underline{\quad} \div \underline{\quad} = \underline{\quad\quad}$$

Il lui faut _____ sacs. Il reste _____ autocollants.

㉚ Je veux partager mes bonbons de manière égale avec mes deux amis. Combien de bonbons chacun de nous a-t-il? Combien de bonbons reste-t-il?

$$\underline{\quad} \div \underline{\quad} = \underline{\quad\quad}$$

Chacun a _____ bonbons. Il reste _____ bonbons.

La multiplication et la division

- Effectuer les multiplications et les divisions.
- Comprendre la relation entre la multiplication et la division.
- Résoudre des problèmes écrits.

> Chaque rangée a 3 biscuits.
> $4 \times 3 = 12$

> Nombre de biscuits pour chacun de nous :
> $12 \div 2 = 6$

> J'ai fait 12 biscuits.

> *Chacun de nous peut avoir 6 biscuits.*

Trouve les réponses.

① $\begin{array}{r} 3 \\ \times\ 6 \\ \hline \end{array}$

② $\begin{array}{r} 4 \\ \times\ 9 \\ \hline \end{array}$

③ $\begin{array}{r} 5 \\ \times\ 7 \\ \hline \end{array}$

④ $\begin{array}{r} 2 \\ \times\ 8 \\ \hline \end{array}$

⑤ $8\overline{)40}$

⑥ $5\overline{)41}$ R ___

⑦ $6\overline{)24}$

⑧ $4\overline{)36}$

⑨ $7\overline{)42}$

⑩ $3\overline{)20}$ R ___

⑪ 2×4 = _____

⑫ 6×6 = _____

⑬ $15 \div 4$ = _____

⑭ $28 \div 7$ = _____

⑮ 3×5 = _____

⑯ 8×6 = _____

⑰ 9×3 = _____

⑱ $32 \div 4$ = _____

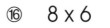

Écris une phrase de multiplication et une phrase de division qui correspondent à chaque groupe d'images.

⑲

_____ X _____ = _____

_____ ÷ _____ = _____

⑳

_____ X _____ = _____

_____ ÷ _____ = _____

㉑

_____ X _____ = _____

_____ ÷ _____ = _____

㉒

_____ X _____ = _____

_____ ÷ _____ = _____

Choisis les nombres corrects pour écrire une phrase de multiplication et une phrase de division.

㉓ 16 15 3 5

_____

_____

㉔ 4 5 6 24

_____

_____

㉕ 2 9 3 27

_____

_____

㉖ 7 28 3 4

_____

_____

Aide les garçons à résoudre les problèmes. Coche ✔ les phrases numériques correctes et trouve les réponses.

㉗
> *Une grande boîte peut contenir 6 muffins et une petite boîte peut en contenir 4. Si Mme Smith a 7 petites boîtes de muffins, combien de muffins a-t-elle en tout?*

Ⓐ 7 x 6 = _____   Ⓑ 7 x 4 = _____

Elle a _____ muffins en tout.

㉘
> *Combien de grandes boîtes faut-il pour contenir 24 muffins?*

Ⓐ 24 ÷ 6 = _____   Ⓑ 24 ÷ 4 = _____

Il faut _____ grandes boîtes.

㉙
> *J'ai 6 billes vertes et 42 billes rouges. Combien de billes ai-je en tout?*

Ⓐ 42 ÷ 6 = _____   Ⓑ 42 – 6 = _____

Ⓒ 6 + 42 = _____   Ⓓ 42 x 6 = _____

Jason a _____ billes en tout.

㉚
> *Si je divise mes billes de manière égale en 6 groupes, combien de billes y a-t-il dans chaque groupe?*

Ⓐ 42 ÷ 6 = _____   Ⓑ 6 x 6 = _____

Ⓒ 48 x 6 = _____   Ⓓ 48 ÷ 6 = _____

Il y a _____ billes dans chaque groupe.

Résous les problèmes.

③① Chaque citrouille coûte 4 $. Combien 8 citrouilles coûtent-elles?

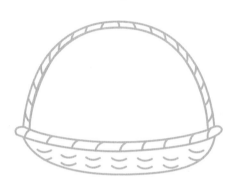

_____ $

③② Chaque panier contient 7 pommes. Combien de paniers faut-il pour contenir 28 pommes?

_____ paniers

③③ Si Joey partage une boîte de 27 cartes avec 2 amis, combien de cartes chaque enfant aura-t-il?

_____ cartes

③④

Un sac peut contenir 5 biscuits. Combien de biscuits y a-t-il en tout dans 7 sacs?

_____ = _____

_____ biscuits

③⑤ _Combien de sacs faut-il pour contenir 49 biscuits?_

_____ = _____

_____ sacs

17

Les fractions

- Diviser des objets entiers et des groupes d'objets en parts égales.

- Identifier des parts en utilisant des noms fractionnaires.

- Comparer et classer des fractions.

Tu prends ça et je mange le reste.

Quoi? Tu me donn seulement un seizièn de la pizza?

Trace des lignes pour couper chaque figure en parts égales. Ensuite, suis les consignes pour colorier certaines parts et remplis les blancs.

① **Coupe-le en 8 parts égales et colorie 2 parts.**

Deux _____ du carré sont coloriés.

② **Coupe-le en 6 parts égales et colorie 5 parts.**

Cinq _____ de l'hexagone sont coloriés.

③ **Coupe-le en 10 parts égales. Ensuite, colorie 2 parts en bleu et 5 parts en orange.**

Deux _____ du rectangle sont bleus et

cinq _____ sont oranges.

Écris une fraction qui représente la part coloriée de chaque figure.

④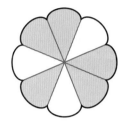

_____ huitièmes

⑤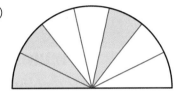

_____

⑥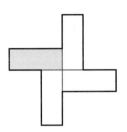

_____

⑦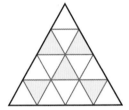

_____

⑧

_____

⑨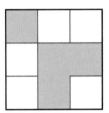

_____

Écris une fraction qui représente les animaux coloriés dans chaque groupe.

⑩

_____

⑪

_____

⑫

_____

⑬

_____

Trace des lignes pour diviser les objets dans chaque groupe en parts égales. Ensuite, colorie les parts et remplis les blancs avec les noms fractionnaires.

⑭

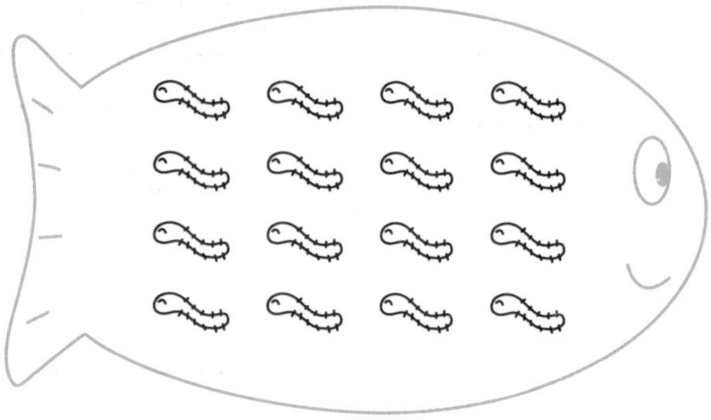

Divise les vers en 8 parts égales et colorie 3 parts.

Trois _____ des vers sont coloriés.

⑮

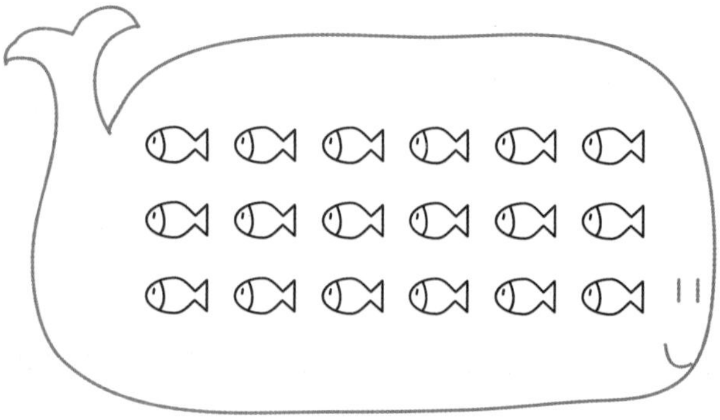

Divise les poissons en 6 parts égales et colorie 2 parts.

_____ _____ des poissons sont coloriés.

⑯

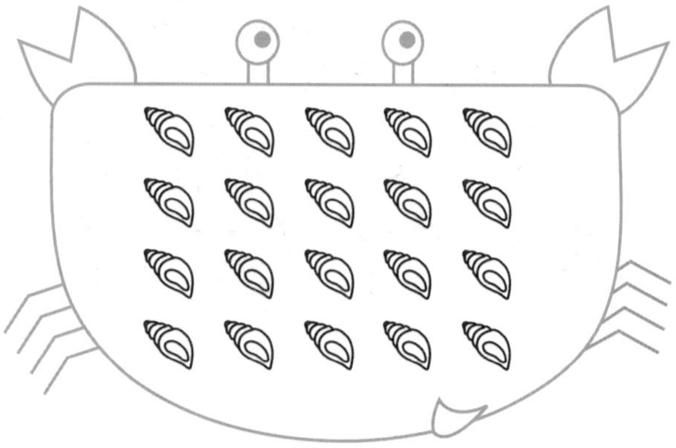

Divise les coquilles en 5 parts égales et colorie 4 parts.

_____ _____ des coquilles sont coloriées.

⑰

Divise les étoiles en 3 parts égales et colorie 2 parts.

_____ _____ des étoiles sont coloriées.

Trace des lignes et colorie le nombre correct de parts des diagrammes selon les fractions. Ensuite, encercle la plus grande fraction.

⑱ quatre dixièmes   trois cinquièmes

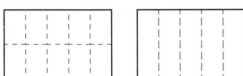

⑲ trois huitièmes   deux quarts

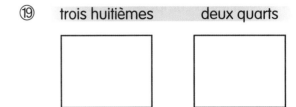

⑳ cinq neuvièmes   deux tiers

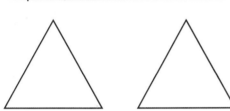

㉑ cinq sixièmes   trois cinquièmes

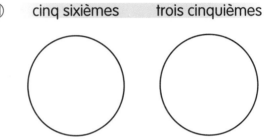

Colorie le nombre exact de parts selon chaque fraction. Ensuite, mets les fractions dans l'ordre. Écris les lettres.

㉒ A deux sixièmes

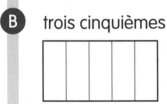

B trois cinquièmes

C trois dixièmes

De la plus grande à la plus petite :

____ , ____ , ____

㉓ A quatre cinquièmes

B sept dixièmes

C six huitièmes

Ted   Sue

De la plus grande à la plus petite

____ , ____ , ____
  ↑ Ted   ↑ Sue

Les figures en 2D (1)

Chaque côté mesure 48 cm.

M. Carré
• 4 côtés
• 4 sommets

- Identifier et comparer des polygones.
- Classer des polygones selon leurs propriétés géométriques, telles que le nombre de côtés et les longueurs des côtés.
- Identifier des figures congruentes en 2D.

Colorie et nomme les polygones. Ensuite, classe-les.

①   A

B

C

_____

D

E

F

_____

G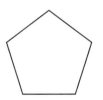

H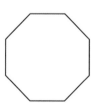

I

_____

②

Polygone

Irrégulier   Régulier

Trace le côté manquant de chaque figure. Encercle les sommets. Ensuite, note le nombre de côtés et le nombre de sommets.

③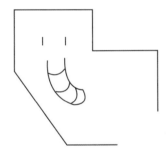

- _____ côtés
- _____ sommets

④

- _____ côtés
- _____ sommets

⑤

- _____ côtés
- _____ sommets

⑥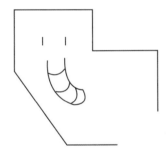

- _____ côtés
- _____ sommets

⑦

- _____ côtés
- _____ sommets

⑧

- _____ côtés
- _____ sommets

Lis chaque phrase. Si elle est correcte, coche ✔ dans le cercle, sinon barre ✗ et corrige le nombre ou le mot en gras pour rendre la phrase correcte.

⑨ Un pentagone a 5 côtés et **6** sommets. ◯ ; _____

⑩ Un **triangle** a 4 sommets et 4 côtés égaux. ◯ ; _____

⑪ Un octogone a **8** côtés et 8 sommets. ◯ ; _____

⑫ Un hexagone a **1** côté de plus qu'un pentagone. ◯ ; _____

Deux figures sont congruentes quand elles ont les mêmes dimensions et la même forme.

Figures congruentes

p. ex. Quelle figure est congruente au carré blanc?

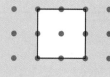

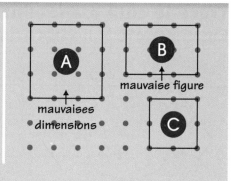

A
B
mauvaise figure
mauvaises dimensions
C

C est congruent au carré blanc.

Coche ✔ dans le cercle si les figures de chaque paire sont congruentes.

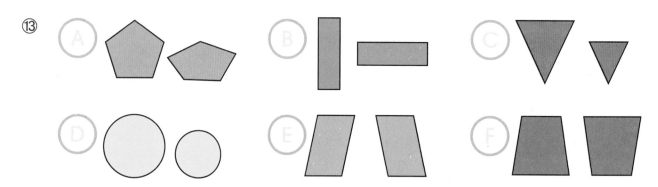

⑬ A   B   C

D   E   F

Colorie la figure qui est congruente à chaque figure coloriée.

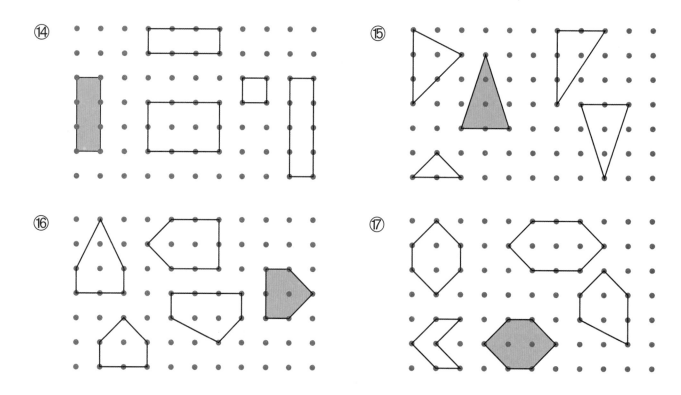

⑭   ⑮

⑯   ⑰

Trace une figure qui est congruente à chaque figure donnée.

⑱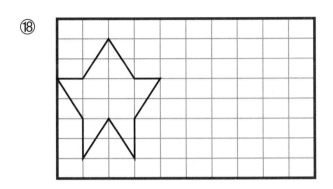

⑲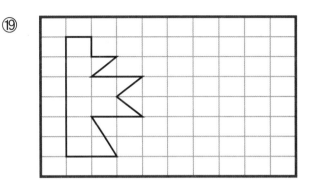

Classe les polygones selon les longueurs de leurs côtés. Écris les lettres.

⑳

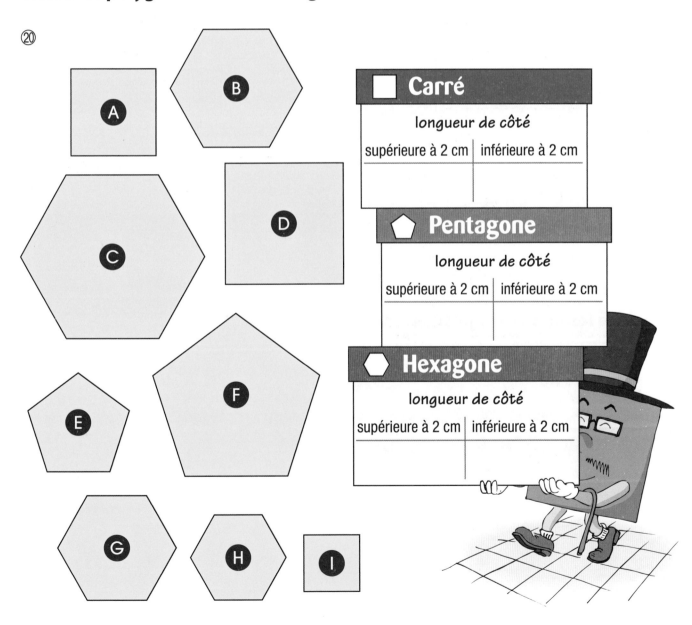

Carré

longueur de côté	
supérieure à 2 cm	inférieure à 2 cm

Pentagone

longueur de côté	
supérieure à 2 cm	inférieure à 2 cm

Hexagone

longueur de côté	
supérieure à 2 cm	inférieure à 2 cm

Les figures en 2D (2)

- Identifier des angles droits et décrire des angles.
- Classer des polygones selon le nombre d'angles intérieurs et d'angles droits.
- Comprendre la relation de divers types de quadrilatères.
- Tracer des figures symétriques.

Ouah! Ta bouche est plus grande qu'un angle droit!

Colorie les choses qui ont des angles droits.

①

Trace les pointillés. Ensuite, coche ✔ les angles droits.

②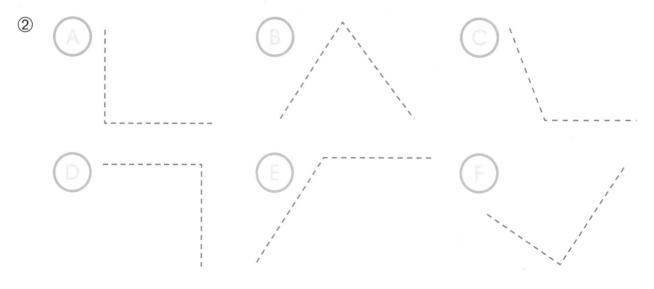

Utilise les mots ci-dessous pour décrire les angles donnés. Ensuite, trace un autre angle pour chaque type.

| plus grand qu'un angle droit | un angle droit | plus petit qu'un angle droit |

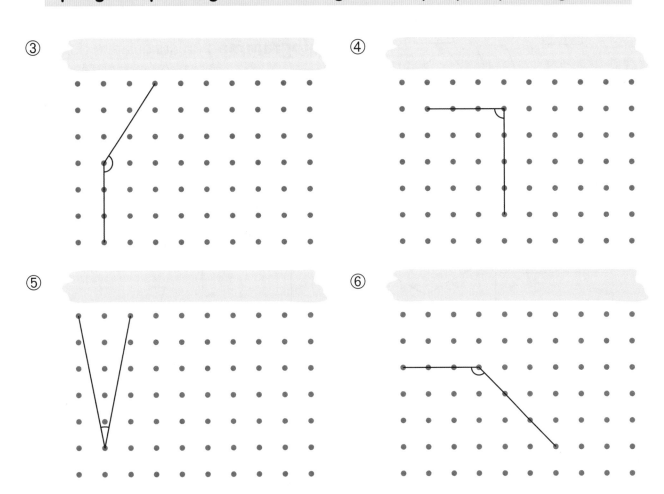

③

④

⑤

⑥

Indique les angles intérieurs. Ensuite, colorie-les comme indiqué.

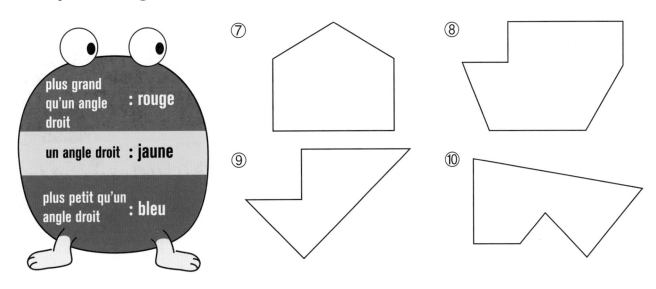

plus grand qu'un angle droit : rouge

un angle droit : jaune

plus petit qu'un angle droit : bleu

⑦

⑧

⑨

⑩

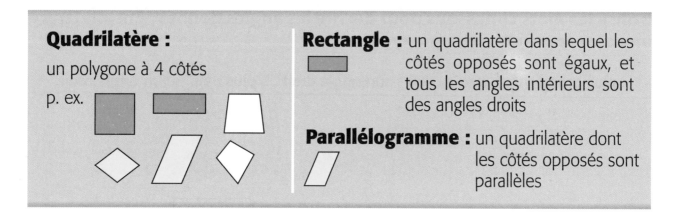

Quadrilatère :

un polygone à 4 côtés

p. ex.

Rectangle : un quadrilatère dans lequel les côtés opposés sont égaux, et tous les angles intérieurs sont des angles droits

Parallélogramme : un quadrilatère dont les côtés opposés sont parallèles

Regarde les angles intérieurs de chaque quadrilatère. Colorie-les s'ils sont des angles droits.

⑪

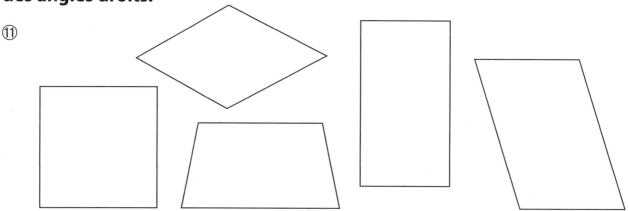

Regarde chaque paire de quadrilatères. Remplis les blancs et encercle les réponses correctes.

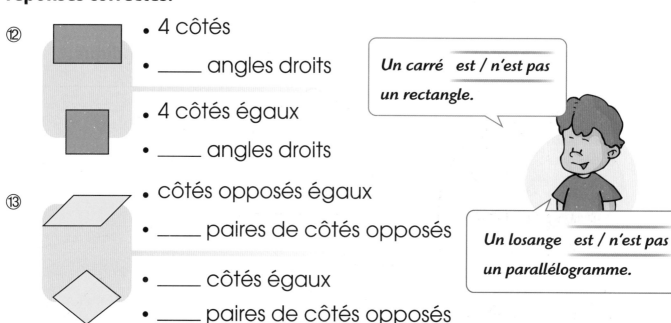

⑫
- 4 côtés
- _____ angles droits
- 4 côtés égaux
- _____ angles droits

Un carré est / n'est pas un rectangle.

⑬
- côtés opposés égaux
- _____ paires de côtés opposés
- _____ côtés égaux
- _____ paires de côtés opposés

Un losange est / n'est pas un parallélogramme.

Coche ✔ si les pointillés représentent l'axe de symétrie de chaque dessin.

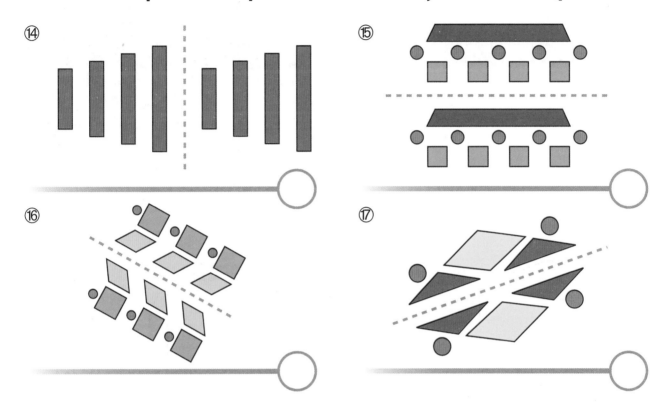

Dessine les parties de chaque image symétrique qui manquent.

Les figures en 3D (1)

- Décrire et nommer des prismes et des pyramides selon la figure de leurs bases.
- Classer des prismes et des pyramides selon le nombre de faces, d'arêtes et de sommets.

C'est un prisme triangulaire.

Colorie les bases de chaque prisme. Ensuite, nomme la figure des bases et le prisme.

①

A 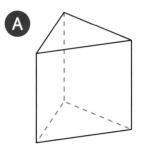 B 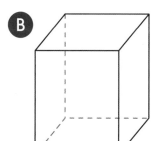 C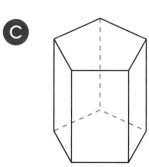

D 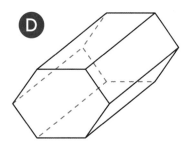 E 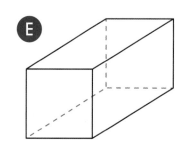 F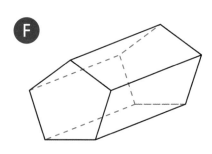

	Figure des bases	Nom du prisme
A		
B		
C		
D		
E		
F		

Colorie la base de chaque pyramide. Ensuite, nomme la figure de la base et la pyramide.

②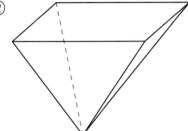

Base : _____

③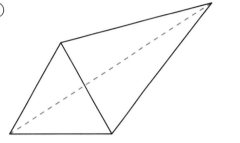

Base : _____

④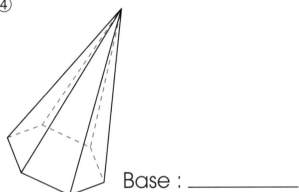

Base : _____

⑤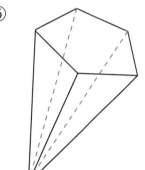

Base : _____

⑥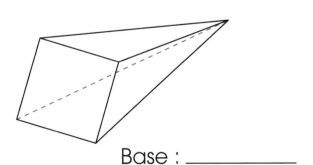

Base : _____

⑦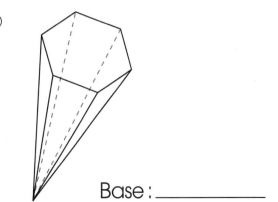

Base : _____

Trace les arêtes manquantes et encercle les sommets de chaque prisme ou pyramide. Compte et écris les nombres. Ensuite, classe les solides. Écris les lettres.

⑧ **A**

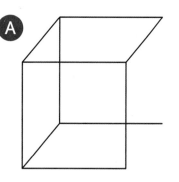

_____ faces

_____ arêtes

_____ sommets

B

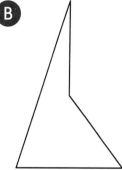

_____ faces

_____ arêtes

_____ sommets

C

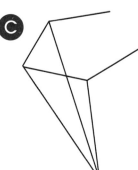

_____ faces

_____ arêtes

_____ sommets

D

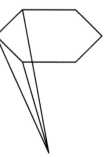

_____ faces

_____ arêtes

_____ sommets

E

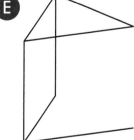

_____ faces

_____ arêtes

_____ sommets

F

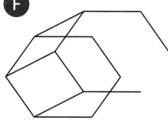

_____ faces

_____ arêtes

_____ sommets

⑨ **Faces**

moins de 5 : _____

5 ou plus : _____

⑩ **Arêtes**

moins de 12 : _____

12 ou plus : _____

⑪ **Sommets**

moins de 6 : _____

6 ou plus : _____

Nomme le solide qui peut être construit en utilisant les bâtons et les guimauves donnés dans chaque groupe.

⑫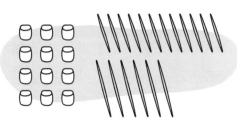

_____

⑬

_____

⑭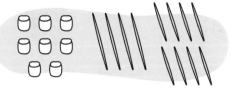

_____

⑮

_____

Coche ✔ les réponses correctes.

⑯ Quel solide a plus de 6 faces?

Ⓐ un prisme triangulaire

Ⓑ une pyramide à base carrée

Ⓒ un prisme rectangulaire

Ⓓ une pyramide hexagonale

⑰ Quel solide a plus de 14 arêtes?

Ⓐ une pyramide hexagonale

Ⓑ un prisme triangulaire

Ⓒ un prisme pentagonal

Ⓓ un prisme rectangulaire

⑱ *Quels solides ont plus de 5 faces mais moins de 9 sommets?*

Ⓐ   Ⓑ   Ⓒ

Les figures en 3D (2)

- Construire des prismes rectangulaires et décrire les propriétés géométriques d'un prisme.

- Identifier et décrire des figures en 2D qui se trouvent dans des figures en 3D.

Colorie le développement qui peut construire un prisme rectangulaire.

① A   B

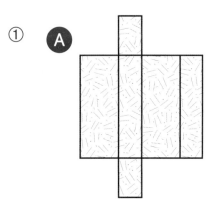
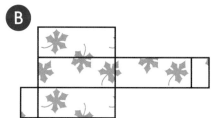

C   D   E

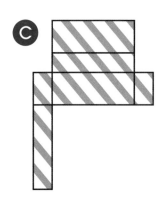
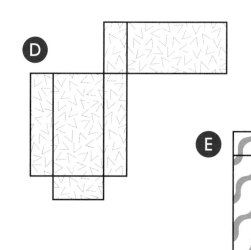

F   G

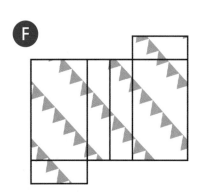
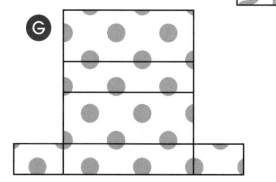

Trace les parties manquantes de chaque développement d'un prisme rectangulaire. Ensuite, associe chaque développement au prisme rectangulaire. Écris la lettre.

②

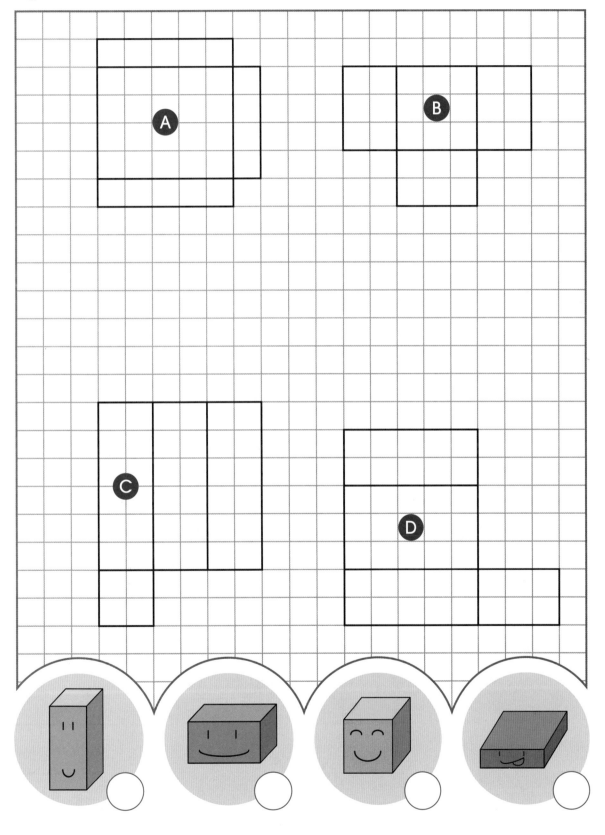

Colorie chaque paire de faces congruentes de la même couleur dans chaque développement. Ensuite, réponds aux questions.

③ **A** 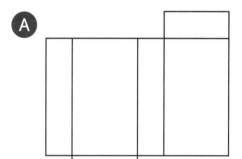   **B**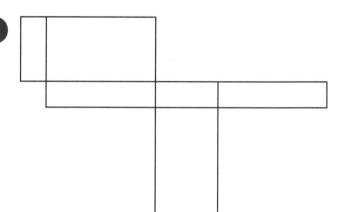

④ Combien de faces un prisme rectangulaire a-t-il?   _____ faces

⑤ Quelle figure les faces sont-elles?   _____

⑥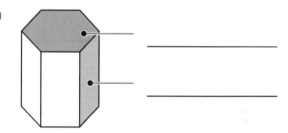

_____ paires

Regarde les solides. Nomme les figures des faces coloriées.

⑦ 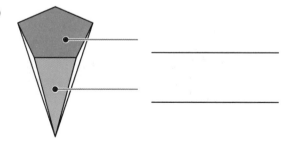   _____

_____

⑧ 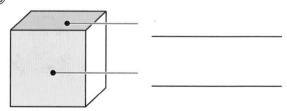   _____

_____

⑨   _____

_____

⑩   _____

_____

Colorie toutes les faces de chaque solide que tu vois. Ensuite, écris le nom du solide et les nombres.

⑪

C'est un(e) _____ . Il/Elle a ___ face(s) triangulaire(s) et ___ face(s) rectangulaire(s).

⑫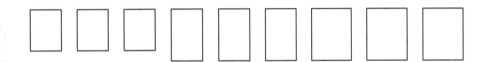

C'est un(e) _____ . Il/Elle a ___ face(s) rectangulaire(s).

⑬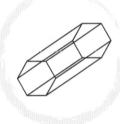

C'est un(e) _____ . Il/Elle a ___ face(s) hexagonale(s) et ___ face(s) rectangulaire(s).

Regarde les solides. Réponds aux questions. Écris les lettres.

⑭ *Quels solides ont des faces triangulaires?*

_____

⑮ *Quels solides ont des faces rectangulaires?*

_____

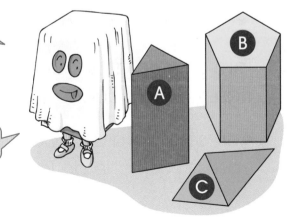

Les positions des figures et des objets

- Décrire des positions des figures et des objets.
- Décrire le déplacement d'une position à l'autre.

Regarde l'image. Remplis les blancs.

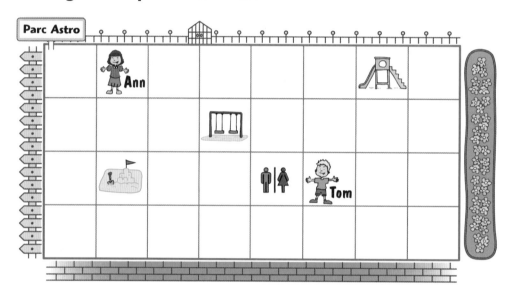

① Les balançoires se situent à ____ cases à gauche du jardin.

② La glissoire se situe à ____ cases au-dessus du mur.

③ Les toilettes se situent à ____ cases à droite de la barrière.

④ Le bac à sable se situe à ____ cases au-dessus du portail.

⑤ Tom se situe à ____ cases à droite du bac à sable et à ____ cases de la gauche du jardin.

⑥ Ann se situe à ____ cases à droite de la barrière et à ____ cases à gauche de la glissoire.

Trace et colorie les cases dans le diagramme pour positionner les enfants. Ensuite, réponds à la question.

⑦ • Sally se situe à 5 cases à gauche de la rivière. Colorie en jaune les cases qui représentent les positions possibles de Sally.

   • Sally se situe à 3 cases au-dessus des bâtiments. Trace des rayures sur les cases qui représentent les positions possibles de Sally.

⑧ Écris « Sally » dans la case pour indiquer sa position exacte.

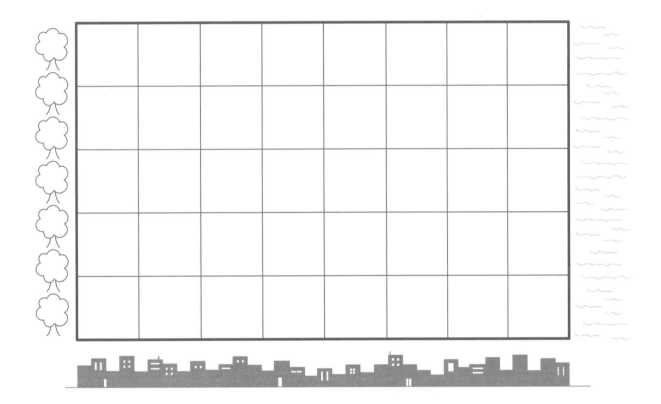

⑨ Jerry se situe à 4 cases à droite des arbres et à 5 cases au-dessus des bâtiments. Écris « Jerry » dans la case pour indiquer sa position exacte.

⑩ *Combien de cases y a-t-il entre Jerry et moi?*

Sally

_____ case(s)

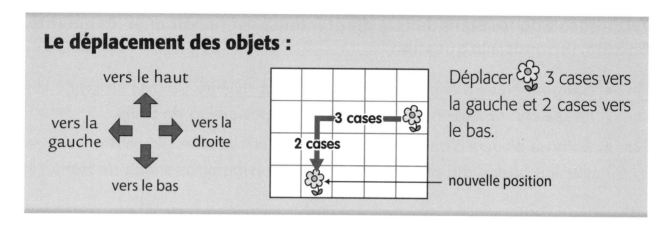

Le déplacement des objets :

Trace des lignes pour indiquer les déplacements des objets. Ensuite, dessine les objets dans les cases pour indiquer les nouvelles positions.

⑪ Déplace

- 🍭 3 cases vers la droite et 1 case vers le bas.

- 🌳 2 cases vers la gauche et 4 cases vers le bas.

- ⭐ 3 cases vers la gauche et 3 cases vers le haut.

- 🏠 4 cases vers la droite et 1 case vers le haut.

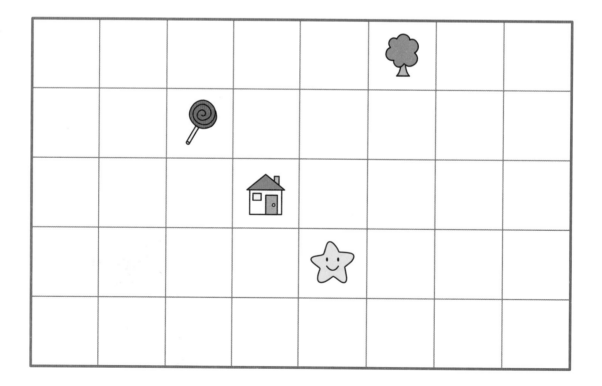

Regarde le diagramme. Aide chaque personne à trouver le chemin le plus court pour arriver à sa destination. Ensuite, réponds aux questions.

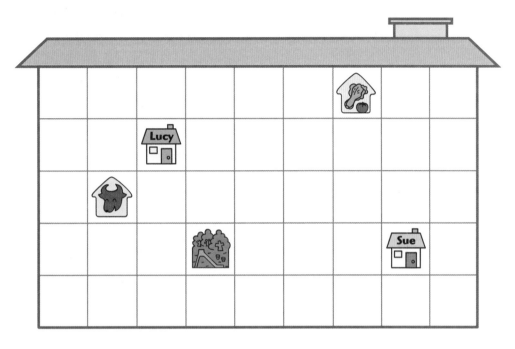

⑫ Sue veut rendre visite à Lucy. Trace des lignes pour montrer son chemin et décris-le.

_____

⑬ La mère de Lucy veut aller au supermarché. Trace des lignes pour montrer son chemin et décris-le.

_____

⑭

Je suis au parc. Si je veux aller au restaurant, comment dois-je y aller? Trace des lignes et décris le chemin.

Mary

_____

⑮ *Nous sommes au parc. Nous voulons aller chez Sue. Trace des lignes pour montrer notre chemin et décris-le.*

_____

Les transformations

- Identifier les mouvements de glisser, de retourner et de tourner à l'aide d'objets.

Je glisse.

**Identifie les paires d'images qui glissent.
Coche ✔ les lettres.**

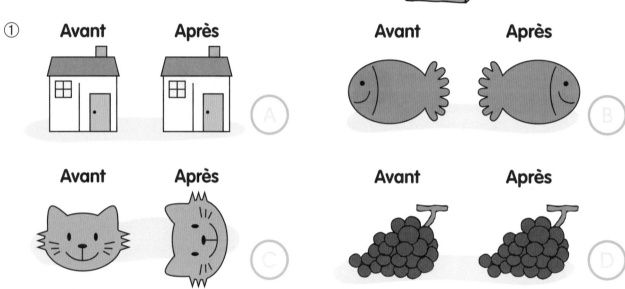

① Avant Après (A)

Avant Après (B)

Avant Après (C)

Avant Après (D)

Suis la flèche pour dessiner le mouvement de glisser de chaque image.

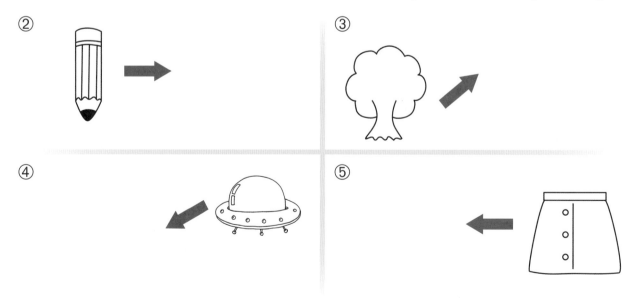

② ③

④ ⑤

Quelle est l'image retournée de l'image à gauche? Colorie-la.

Dessine les parties manquantes de chaque image retournée.

Quelles sont les images tournées? Coche ✔ les lettres.

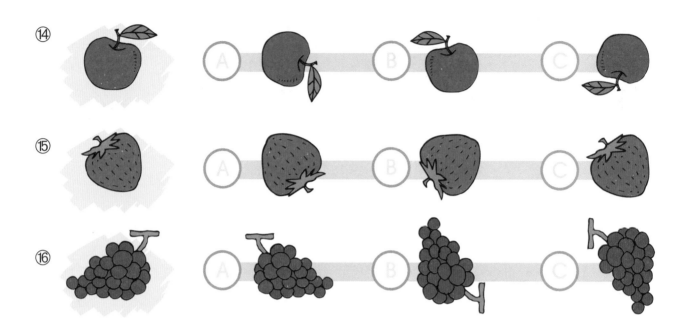

⑭   Ⓐ   Ⓑ   Ⓒ

⑮   Ⓐ   Ⓑ   Ⓒ

⑯   Ⓐ   Ⓑ   Ⓒ

Trace chaque figure avec du papier calque et découpe-le. Ensuite, à l'aide du découpage, trace les côtés manquants de chaque image tournée.

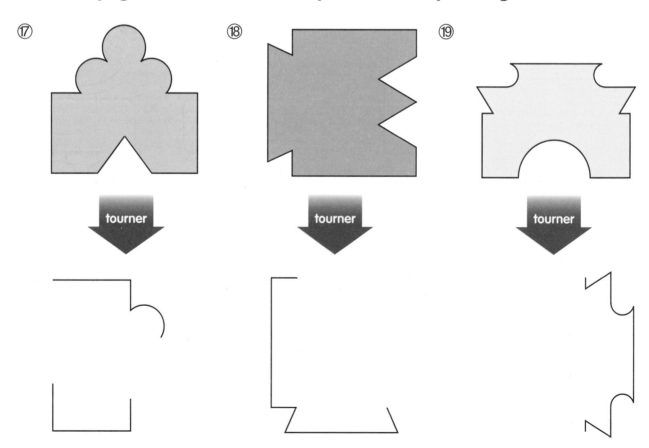

⑰   ⑱   ⑲

tourner   tourner   tourner

On peut utiliser les mains pour représenter le mouvement de « glisser », de « retourner » et de « tourner ».

Glisser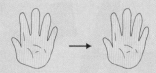

Retourner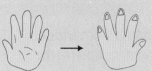

Tourner

Pour chaque image, indique si elle représente le mouvement de « glisser », de « retourner » ou de « tourner ».

 ⑳

_____

㉑

_____

㉒

_____

Indique si chaque image à droite représente le mouvement de « glisser », de « retourner » ou de « tourner» de l'image à gauche.

㉓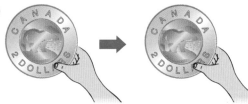

_____

㉔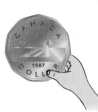

_____

㉕

_____

㉖

Les régularités (1)

Je peux utiliser des cartes pour montrer une régularité décroissante.

- Identifier, prolonger et créer une régularité à l'aide d'au moins deux attributs.

- Identifier et décrire des régularités numériques basées sur l'addition, la soustraction et la multiplication.

- Décrire et prolonger des régularités croissantes et décroissantes.

Colorie les figures comme indiqué. Ensuite, dessine et colorie les deux prochaines figures de chaque régularité.

① rouge   bleu   jaune   rouge   bleu   jaune   _____ _____

② bleu   vert   bleu   vert   bleu   vert   bleu   _____ _____

③ rouge   vert   rouge   vert   rouge   vert   rouge   _____ _____

④ jaune   jaune   vert   jaune   jaune   vert   _____ _____

Colorie les images comme indiqué. Prolonge la régularité dans chaque groupe en dessinant et en coloriant la prochaine image. Ensuite, remplis les blancs et encercle le bon mot pour finir ce que dit l'animal.

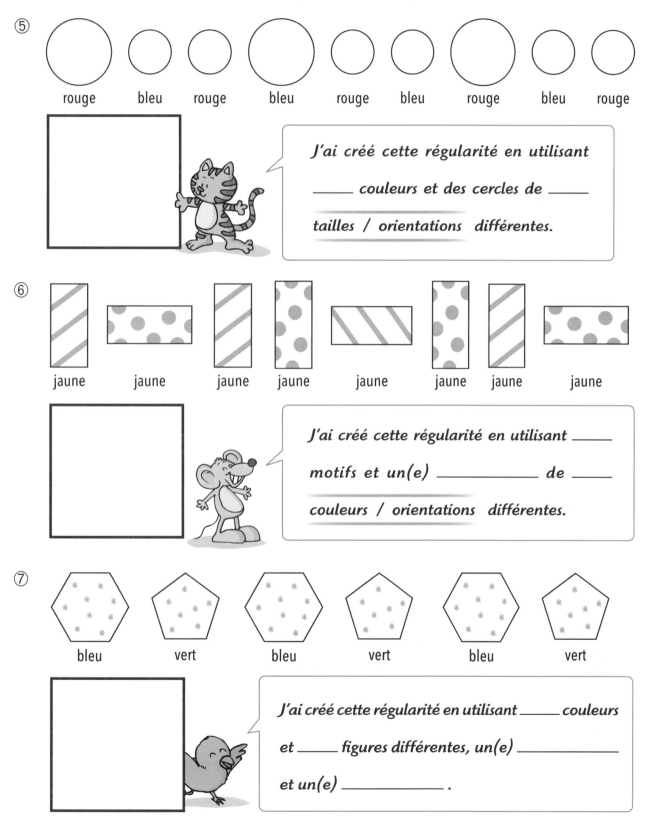

⑤

rouge   bleu   rouge   bleu   rouge   bleu   rouge   bleu   rouge

J'ai créé cette régularité en utilisant _____ couleurs et des cercles de _____ tailles / orientations différentes.

⑥

jaune   jaune   jaune   jaune   jaune   jaune   jaune   jaune

J'ai créé cette régularité en utilisant _____ motifs et un(e) _____ de _____ couleurs / orientations différentes.

⑦

bleu   vert   bleu   vert   bleu   vert

J'ai créé cette régularité en utilisant _____ couleurs et _____ figures différentes, un(e) _____ et un(e) _____ .

Trouve la régularité dans chaque groupe. Dessine les images manquantes. Ensuite, écris « croissante » ou « décroissante » pour compléter les phrases.

⑧ a.

b. C'est une régularité _____ .

⑨ a.

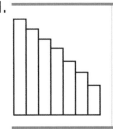 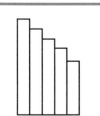 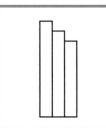

b. C'est une régularité _____ .

⑩ a.

  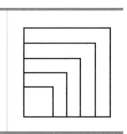

b. C'est une régularité _____ .

Suis chaque régularité pour trouver les deux prochains nombres. Ensuite, indique si la régularité est croissante ou décroissante.

⑪ 5 10 15 20 25 ____ ____   une régularité _____

⑫ 30 27 24 21 18 ____ ____   une régularité _____

⑬ 100 90 80 70 60 ____ ____   une régularité _____

Le multiple :

le produit d'un nombre entier donné multiplié par n'importe quel autre nombre entier

p. ex. les multiples de 4 :

4, **8**, **12**…

1 x 4   2 x 4   3 x 4

Colorie, barre ou encercle les nombres sur le tableau des centaines. Ensuite, encercle les réponses correctes.

1	2	3	4	5	6	7	8	9	10
11	12	13	14	15	16	17	18	19	20
21	22	23	24	25	26	27	28	29	30
31	32	33	34	35	36	37	38	39	40
41	42	43	44	45	46	47	48	49	50
51	52	53	54	55	56	57	58	59	60
61	62	63	64	65	66	67	68	69	70
71	72	73	74	75	76	77	78	79	80
81	82	83	84	85	86	87	88	89	90
91	92	93	94	95	96	97	98	99	100

⑭ Colorie en jaune les multiples de 9 et encercle les multiples de 5.

⑮ Les multiples de 9 forment une   ligne / colonne / diagonale   .

⑯ Les multiples de 5 forment une   ligne / colonne / diagonale   .

⑰ Mets un « / » sur les multiples de 3.

⑱
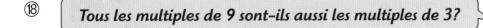
Tous les multiples de 9 sont-ils aussi les multiples de 3?

$25 + 9 = 30 +$ 🔲

Les régularités (2)

- Créer une suite numérique basée sur une régularité d'addition ou de soustraction.
- Utiliser des séquences numériques pour représenter des régularités géométriques simples.
- Déterminer les nombres qui manquent dans des équations.

> *La réponse est 4.*

Suis la régularité pour créer une suite numérique à partir d'un nombre donné.

① Ajoute 7 chaque fois.

0 ____ ____ ____ ____ ____ ____ ____

② Soustrais 3 chaque fois.

42 ____ ____ ____ ____ ____ ____ ____

③ Ajoute 4 chaque fois.

20 ____ ____ ____ ____ ____ ____ ____

④ Soustrais 5 chaque fois.

40 ____ ____ ____ ____ ____ ____ ____

⑤
> *Crée une suite numérique qui commence par 24 et continue-la en ajoutant 6 chaque fois.*

____ ____ ____ ____ ____ ____ ____

⑥
> *Crée une suite numérique qui commence par 80 et continue-la en soustrayant 8 chaque fois.*

____ ____ ____ ____ ____ ____ ____

Prolonge chaque régularité en dessinant la prochaine image. Utilise une séquence numérique pour représenter le nombre de bâtons dans chaque figure. Ensuite, réponds à la question.

⑦ a.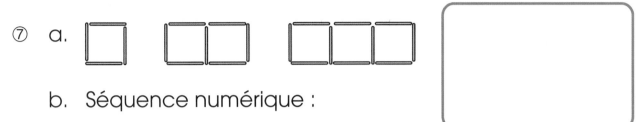

b. Séquence numérique :

_____ , _____ , _____ , _____

c. Combien de bâtons y a-t-il dans la 6ᵉ figure?

_____ bâtons

⑧ a.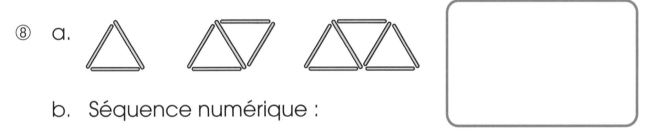

b. Séquence numérique :

_____ , _____ , _____ , _____

c. Combien de bâtons y a-t-il dans la 6ᵉ figure?

_____ bâtons

⑨ a.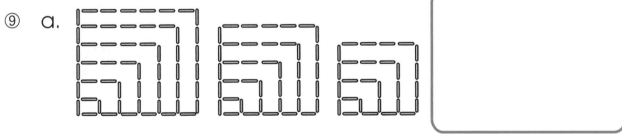

b. Séquence numérique :

_____ , _____ , _____ , _____

c. Combien de bâtons y a-t-il dans la 5ᵉ figure?

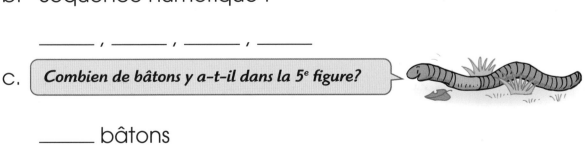

_____ bâtons

Regarde chaque phrase numérique. Trouve le nombre manquant.

⑩ $10 - 3 = 7$

$3 + \underline{\quad} = 10$

⑪ $4 + 20 = 24$

$24 - \underline{\quad} = 4$

⑫ $15 - 8 = 7$

$7 + \underline{\quad} = 15$

⑬ $6 + 13 = 19$

$\underline{\quad} - 6 = 13$

⑭ $9 + 16 = 25$

$25 - \underline{\quad} = 16$

⑮ $30 - 18 = 12$

$\underline{\quad} + 18 = 30$

Trouve les nombres manquants à l'aide des équations données.

$23 + 7 = 30$ $4 + 12 = 16$ $7 + 9 = 16$

$21 + 4 = 25$ $8 + 9 = 17$

$23 - 16 = 7$

$21 - 18 = 3$

$3 + 15 = 18$ $32 - 5 = 27$

$9 + 3 = 12$

$41 - 16 = 25$ $20 - 6 = 14$

⑯ $16 - \underline{\quad} = 9$

⑰ $25 - \underline{\quad} = 4$

⑱ $7 + \underline{\quad} = 23$

⑲ $\underline{\quad} + 16 = 41$

⑳ $18 - \underline{\quad} = 15$

㉑ $\underline{\quad} - 3 = 9$

㉒ $3 + \underline{\quad} = 21$

㉓ $27 + \underline{\quad} = 32$

㉔ $\underline{\quad} + 14 = 20$

㉕ $\underline{\quad} - 7 = 23$

㉖ $\underline{\quad} - 9 = 8$

㉗ $16 - \underline{\quad} = 12$

Les étapes pour résoudre des équations :

1re Simplifier l'équation.

2e Deviner et vérifier la réponse pour trouver la solution.

p. ex.

$26 + 5 = 40 - ♥$ ← Trouver la somme en premier.

$31 = 40 - ♥$ ← Considérer : Quel nombre devrait être soustrait?

$♥ = 9$ ← $40 - 9 = 31$

Simplifie les équations. Ensuite, résous-les.

㉘ $♥ + 4 = 16 - 7$

㉙ $☆ - 4 = 18 + 1$

㉚ $12 + 3 = 21 - ☀$

㉛ $☾ - 6 = 15 + 8$

㉜ $15 + 2 = 27 - 🍎$

㉝ $18 - 3 = 10 + ◯$

㉞

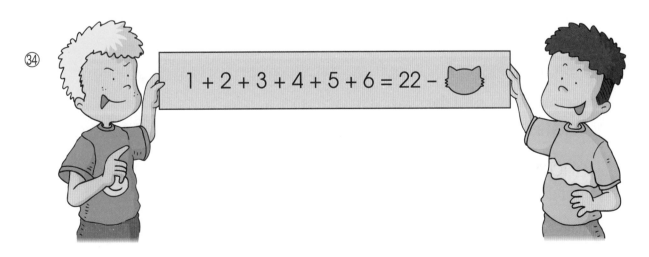

$1 + 2 + 3 + 4 + 5 + 6 = 22 - 🐱$

Les graphiques (1)

- Lire et décrire des données présentées dans un pictogramme à l'aide d'une relation un-à-plusieurs.

- Créer des pictogrammes pour afficher des données avec des titres et des légendes appropriés.

Scores des enfants

☺ = 100 points

Marco   George   Élaine

George, tu as le meilleur score de 550 points!

Regarde combien de cornets de glace qu'a vendus M. Winter hier. Regarde le pictogramme. Réponds aux questions.

Nombre de cornets de glace vendus hier   ▽ = 10 cornets

Saveur

Fraises

Vanille

Chocolat

Napolitain

① Combien de saveurs y avait-il? _____ saveurs

② Combien de cornets de glace à la vanille ont-ils été vendus? _____ cornets

③ Combien de cornets de glace napolitain ont-ils été vendus? _____ cornets

④ Combien de cornets de glace aux fraises de plus ont-ils été vendus que de cornets de glace au chocolat? _____ de plus

⑤ Si chaque cornet de glace coûte 2 $, combien d'argent M. Winter a-t-il gagné hier? _____ $

Timothée a noté le nombre de chaque type de jouet restant dans son magasin de jouets cette semaine. Regarde le pictogramme. Réponds aux questions.

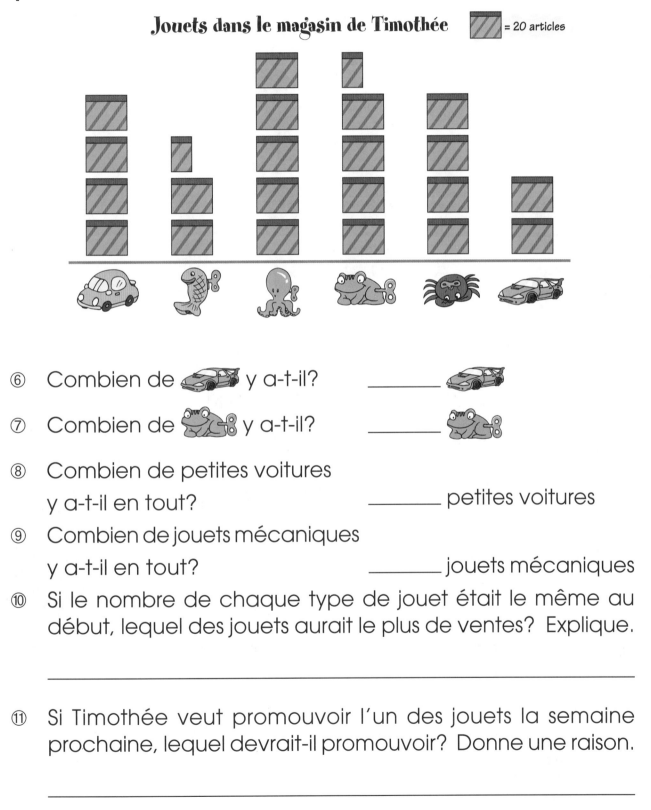

Jouets dans le magasin de Timothée — = 20 articles

⑥ Combien de 🏎 y a-t-il? _____ 🏎

⑦ Combien de 🐸 y a-t-il? _____ 🐸

⑧ Combien de petites voitures
y a-t-il en tout? _____ petites voitures

⑨ Combien de jouets mécaniques
y a-t-il en tout? _____ jouets mécaniques

⑩ Si le nombre de chaque type de jouet était le même au début, lequel des jouets aurait le plus de ventes? Explique.

_____

⑪ Si Timothée veut promouvoir l'un des jouets la semaine prochaine, lequel devrait-il promouvoir? Donne une raison.

_____

Judy a une collection de boutons. Aide-la à les trier par quatre catégories et utilise des traits pour compléter le tableau.

J'ai 2 types de boutons, ceux en forme de fleur et ceux en forme de carré. Ils ont soit 4 trous, soit 2 trous.

⑫

Nombre			

Regarde le tableau à la page 108. Crée le pictogramme pour montrer les données. Ensuite, réponds aux questions.

⑬

Chaque image représente 4 boutons.

⑭ Combien de boutons en forme de fleur Judy a-t-elle en tout?

_____ boutons en forme de fleur

⑮ Combien de boutons a-t-elle en tout?

_____ boutons

⑯

> *Si je donne 37 boutons à ma grand-mère, combien de boutons me restera-t-il?*

_____ boutons

Les graphiques (2)

Le mode des tailles de chandails vendus est moyen.

- Lire et décrire des données présentées dans un digramme à bandes horizontales ou verticales.

- Créer et compléter des diagrammes à bandes pour afficher des données.

- Comprendre et identifier le mode dans un ensemble de données.

Lis le diagramme à bandes qui montre les insectes préférés de la classe de Mᵐᵉ Moxam. Ensuite, réponds aux questions.

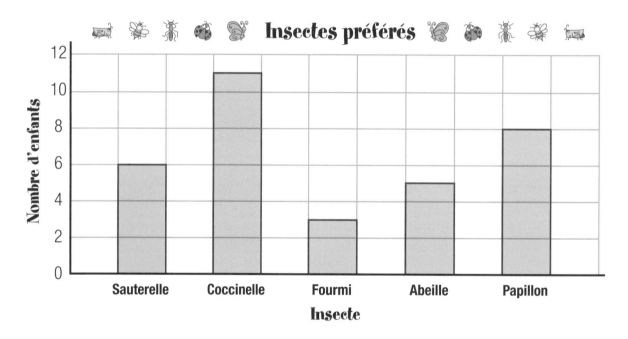

① Combien d'enfants aiment-ils le papillon? _____ enfants

② Combien d'enfants aiment-ils l'abeille? _____ enfants

③ Quel insecte est le plus populaire? _____

④ Quel insecte est le moins populaire? _____

⑤ Combien d'enfants y a-t-il dans la classe de Mᵐᵉ Moxam? _____ enfants

Sam est propriétaire de 5 supermarchés. Détermine combien de temps chaque supermarché a pris pour vendre 10 briques de jus. Complète le diagramme à bandes verticales pour montrer les données et répondre aux questions.

⑥

Supermarché	A	B	C	D	E
Nombre de jours	30	25	15	20	10

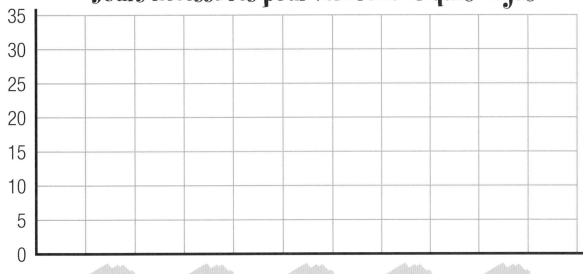

Jours nécessaires pour vendre 10 briques de jus

⑦   Quel est le titre du diagramme?

_____

⑧   Combien de jours chaque case représente-t-elle?   _____ jours

⑨   Quels supermarchés ont pris plus de 3 semaines pour vendre 10 briques de jus?   _____

⑩   Quel supermarché avait le plus de ventes? Combien de briques de jus ont-elles été vendues en moyenne par jour?   _____ ; _____ brique(s)

27

Judy prépare des muffins pour son école demain. Regarde le tableau. Aide-la à compléter le diagramme à bandes horizontales pour montrer les données. Ensuite, réponds aux questions.

Saveur	Carotte	Avoine	Raisin sec	Bleuet	Banane
Nombre	22	19	11	13	18

⑪

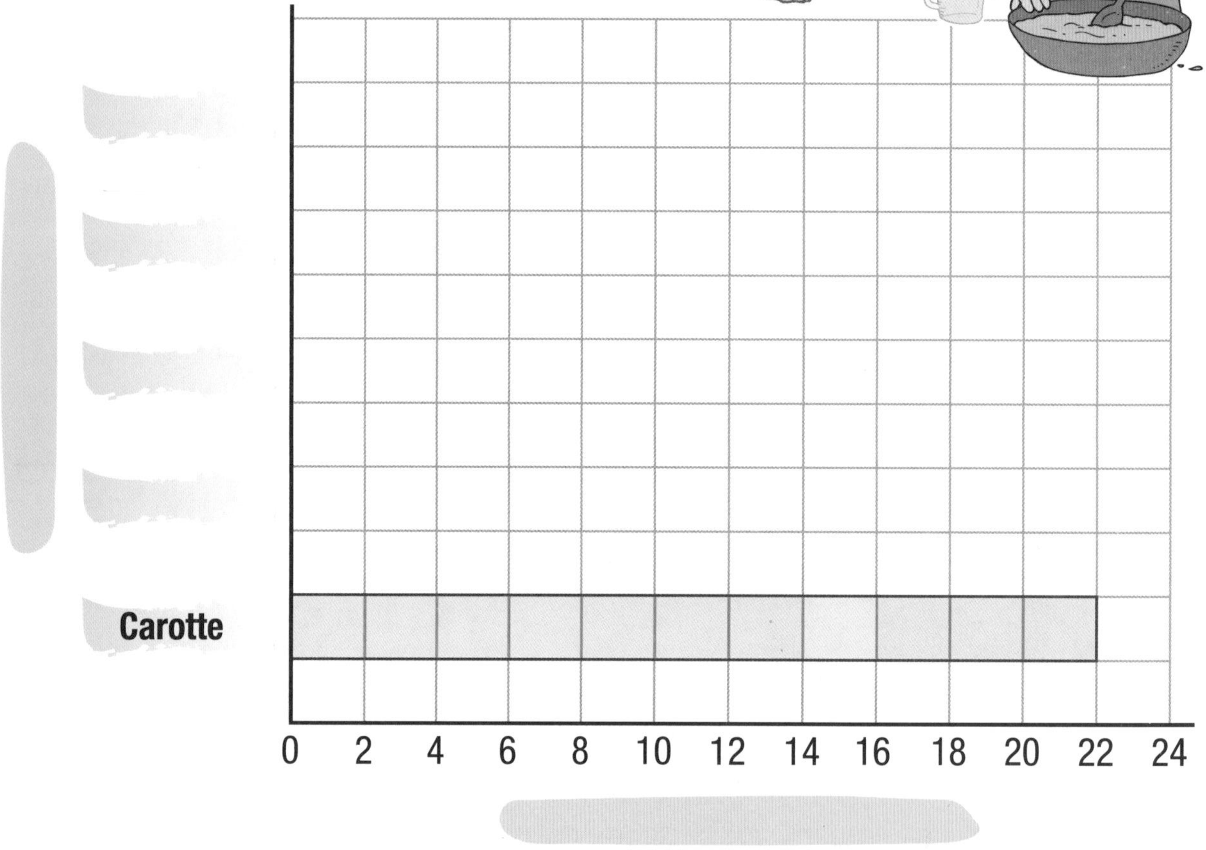

Muffins de Judy

Carotte

0 2 4 6 8 10 12 14 16 18 20 22 24

⑫ Combien de saveurs différentes y a-t-il? _____ saveurs

⑬ Combien de muffins aux fruits y a-t-il? _____ muffins

⑭ Combien de muffins a-t-elle préparés en tout? _____ muffins

⑮ Si chaque muffin coûte 1 $, combien d'argent sera-t-il gagné en vendant tous les muffins? _____ $

Le mode : la valeur qui apparaît le plus souvent dans un ensemble de données

p. ex. Les économies de Ted pendant 7 jours : 32 ¢, 16 ¢, 32 ¢, 18 ¢, 40 ¢, 32 ¢, 15 ¢

Puisque 32 ¢ apparaît le plus souvent, le mode des économies est de 32 ¢.

Regarde chaque ensemble de données. Trouve le mode.

⑯ Les tailles de 12 élèves :

120 cm	108 cm	98 cm	120 cm
108 cm	96 cm	114 cm	125 cm
108 cm	109 cm	105 cm	111 cm

Le mode des tailles est de _____ .

⑰ Les poids de 15 femmes :

62 kg	58 kg	63 kg	70 kg	58 kg
63 kg	59 kg	58 kg	62 kg	62 kg
58 kg	61 kg	53 kg	57 kg	70 kg

Le mode des poids :

_____

⑱ Les longueurs de 18 cordes :

46 cm	70 cm	52 cm	63 cm	60 cm
70 cm	54 cm	62 cm	70 cm	48 cm
49 cm	61 cm	70 cm	62 cm	70 cm
52 cm	70 cm	70 cm		

Le mode des longueurs :

_____

⑲ Les coûts de 10 bagues :

275 $	316 $	127 $	316 $	275 $
117 $	98 $	275 $	400 $	400 $

Le mode des coûts est de _____ .

La probabilité

- Prédire la fréquence d'un résultat obtenu à la suite d'une expérience simple de probabilité.

- Comprendre l'équité dans un jeu et l'associer à l'apparition de résultats également probables.

Si je tourne la roue 6 fois, je prédis que l'aiguille tombera 3 fois sur un animal et 3 fois sur une plante.

Les enfants font des expériences de probabilité. Coche ✔ les meilleures prédictions.

① Pioche une balle de la boîte 20 fois.

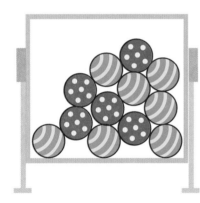

Prédictions

Ⓐ – 4 fois    – 16 fois

Ⓑ – 9 fois   – 11 fois

Ⓒ – 15 fois   – 5 fois

Ⓓ – 0 fois   – 20 fois

② Pioche une carte du sac 50 fois.

Prédictions

Ⓐ – 40 fois   – 10 fois

Ⓑ – 34 fois   – 16 fois

Ⓒ – 34 fois   – 16 fois

Ⓓ – 16 fois   – 34 fois

Regarde les objets des enfants. Réponds aux questions. Ensuite, prédis les résultats.

③ Pioche une carte de la collection d'Élaine.

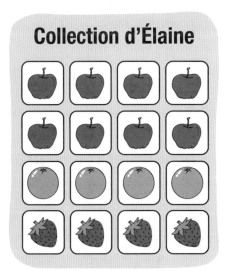

Collection d'Élaine

a. Quels sont les résultats possibles?

_____

b. Les possibilités de piocher un 🍎 ou une 🍓 sont-elles les mêmes?

_____

④ Si Élaine pioche une carte 50 fois sans regarder, quels résultats prédis-tu?

Prédiction :  _____ fois    _____ fois    _____ fois

⑤ Tourne la roue une fois. Sur quels objets l'aiguille peut-elle tomber?

_____

⑥ Si Joe tourne la roue 40 fois, quels résultats prédis-tu?

Prédiction :

 ☺ _____ fois   🌼 _____ fois

🌳 _____ fois   ☀ _____ fois

28

> *Si une roue est divisée en parts égales et chaque objet sur la roue apparaît seulement une fois, on dit que c'est une roue juste.*

> *Donc celle-ci est une roue juste.*

Coche ✔ les roues juste.

⑦

A   B   C

D   E   F

Trace des lignes sur chaque roue et colorie-la.

⑧ Une roue juste à 4 couleurs

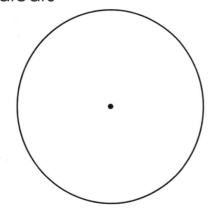

⑨ Une roue juste à 6 couleurs

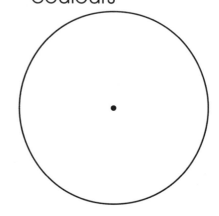

Les enfants piochent des billes d'un sac. Aide-les à répondre aux questions.

⑩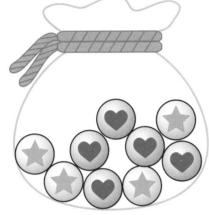

a. Si Judy pioche une bille, est-il plus probable de piocher une bille avec une étoile?

_____

b. Est-il aussi probable de piocher une bille avec une étoile ou avec un cœur? Si non, sors le moins de billes possible pour rendre juste le jeu.

_____

⑪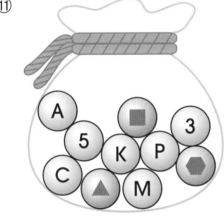

a. Si Katie pioche une bille, est-il plus probable de piocher une bille avec une lettre?

_____

b. Barre ✘ le moins de billes possible pour rendre juste le jeu.

Colorie la roue qui correspond à ce que dit Annie.

⑫

Ceci est une roue à 4 couleurs. Je l'ai tournée 100 fois. Voici les résultats.

Rouge	24
Bleu	10
Jaune	40
Vert	26

Français

Le jour de la marmotte

Le 2 février est le jour de la marmotte en Amérique du Nord. Chaque année, on a hâte d'attendre la sortie d'une marmotte de son terrier quand elle trouve son ombre.

Cette idée provient d'un vers écossais :

« Si la Chandeleur est claire et lumineuse, il y a aura deux hivers dans l'année. »

La Chandeleur se déroule entre le premier jour de l'hiver (le 21 décembre) et le premier jour du printemps (le 21 mars). On croit que s'il y a du soleil ce jour, l'hiver sera[1] froid. Mais s'il y a des nuages ce jour, l'hiver sera doux et court.

Si la marmotte voit son ombre, il y aura[2] plus de six semaines de l'hiver. Si elle ne voit pas son ombre, le printemps s'approchera.

---

1 : sera – « être » au futur simple

2 : aura – « avoir » au futur simple

A. Lis les phrases. Ensuite, écris les lettres dans les cases selon les images.

Ⓐ L'hiver sera froid.

Ⓑ L'hiver sera doux et court.

Ⓒ Il y aura plus de six semaines de l'hiver.

Ⓓ Le printemps s'approchera.

1. la Chandeleur

2. la Chandeleur

3.

4.

B. Trace des lignes pour associer les dates aux événements.

1. le 2 février   •

    • le premier jour du printemps

2. le 21 mars   •

    • le jour de la marmotte

3. le 21 décembre   •

    • le premier jour de l'hiver

La nouvelle camarade de classe

Nous avons une nouvelle camarade de classe. Elle s'assoit à côté de moi. Elle s'appelle Emelyn Marquez. Elle vient des Philippines. Elle est venue ici avec ses parents. Elle habite avec ses grands-parents.

Emelyn vient d'une ville appelée Dupax del Sur. Là, on cultive du riz. Elle nous apprend à chanter une chanson. Nous faisons des gestes selon la chanson.

Voici les paroles de la chanson :

Cultiver du riz, ce n'est pas amusant

Cultiver du riz, ce n'est pas amusant.
Se baisser du matin jusqu'au soleil couchant.
Ne pas tenir debout ni s'asseoir.
Mais c'est notre devoir.

Emelyn nous dit qu'elle aime cultiver du riz, mais il faut beaucoup de travail. Je lui demande d'aller chez moi cette fin de semaine. Devine quoi! Elle me dit oui au téléphone. Je crois qu'Emelyn et moi serons meilleures amies!

A. **Lis le texte. Coche ✔ comment on cultive du riz aux Philippines.**

B. **Colorie** Oui **si les phrases sont vraies, sinon colorie** Non **.**

1.   Emelyn s'assoit à côté de l'auteure. | Oui | Non |

2.   Emelyn vient du Canada. | Oui | Non |

3.   La famille d'Emelyn cultive du riz. | Oui | Non |

4.   Emelyn apprend à la classe à cultiver du riz. | Oui | Non |

5.   Cultiver du riz n'est pas facile. | Oui | Non |

6.   L'auteure aime cultiver du riz. | Oui | Non |

7.   L'auteure veut devenir meilleure amie d'Emelyn. | Oui | Non |

Le saut à la corde

Le saut à la corde est une activité amusante pour tout le monde. Il est aussi un type d'exercice. Tu peux sauter tout(e) seul(e) ou avec tes ami(e)s. Tu peux sauter rapidement ou lentement. Tu peux sauter d'une façon facile ou d'une façon complexe. Le saut à la corde est un bon exercice!

Quand tu sautes avec tes ami(e)s, essaie de chanter. Également, le sauteur ou la sauteuse peut faire des mouvements selon ces mots :

Dos à dos
Face à face
Vous serrer la main
Et changer de place.

Voici une autre chanson :

Pommes! Pêches! Bananes! Prunes! Les fruits!
Tu manges quoi aujourd'hui?

Quand tu sautes, tu peux aussi chanter les mois de l'année : janvier, février, mars, avril… Tu sautes hors de[1] la corde quand tu entends le mois de ton anniversaire.

1 : hors de – à l'extérieur de

A. **Encercle les mots dans les mots cachés selon les filles.**

n	w	p	ê	c	h	e	s	d	b	a	ç	p	f	h	a
a	v	r	i	l	x	b	j	c	m	g	u	o	w	é	i
z	g	u	y	j	a	n	v	i	e	r	a	m	a	r	s
e	s	n	i	f	y	b	e	k	l	ê	v	m	x	s	j
a	à	e	o	f	é	v	r	i	e	r	e	e	h	k	
	s	t	d	r	q	p	c	ï	n	t	s	l	r		
	v	u	b	a	n	a	n	e	s	m	o	p			

les noms de fruits dans le texte

les mois de l'année dans le texte

B. **Remplis les blancs avec les mots dans le texte.**

1. Le saut à la corde est un type d'_____ .

2. Tu peux sauter avec tes _____ .

3. Tu peux sauter rapidement ou _____ .

4. Tu peux sauter de deux façons : facile ou _____ .

5. Quand tu sautes avec tes ami(e)s, essaie de _____ des chansons.

Les salutations
autour du monde

Au Canada, la plupart des gens disent *Bonjour* ou *Hello* quand ils saluent quelqu'un. Sais-tu comment on salue dans d'autres pays? Les Japonais s'inclinent et disent *Konnichiwa*. En Chine, les Chinois disent *Ni hao*. En Thaïlande, on dit *Sawatdee*. En Corée, on dit *Anyong haseyo*. Au Kenya, *Jambo* est un mot swahili qui signifie « bonjour ».

En Inde, on parle beaucoup de langues. En hindi, la langue la plus parlée, on dit *Namasté*. En Malaisie et en Indonésie, on dit *Apa kabar*.

Également, il y a beaucoup de pays et de langues en Europe. En Italie, on dit *Buongiorno*. Au Danemark, on dit *Goddag*. Aux Pays-Bas, on dit *Goede dag*. En Allemagne, on dit *Guten Tag*. En Espagne, au Mexique et à Cuba, on se salue en disant *Hola* en espagnol.

À Hawaï, on dit *Aloha* qui signifie « salut », « au revoir » et « amour ». En Israël, on parle hébreu. Quand on se salue, on dit *Shalom*. Cela signifie « salut », « au revoir » et « paix ».

A. **Trace des lignes pour associer les salutations aux pays.**

Ni hao •   • le Japon

Buongiorno •   • l'Italie

Sawatdee •   • le Danemark

Goddag •   • la Thaïlande

Konnichiwa •   • l'Inde

Namasté •   • Hawaï

Goede dag •   • le Kenya

Bonjour/Hello •   • le Canada

Guten Tag •   • l'Espagne

Aloha •   • les Pays-Bas

Hola •   • la Chine

Jambo •   • l'Allemagne

5

Le cactus

L e cactus est une plante épineuse. Cette plante est adaptée aux conditions extrêmes de chaleur et de sécheresse[1]. Il est d'origine américaine tropicale comme le Mexique, le Guatemala et le Pérou. Il pousse principalement dans le désert où il fait chaud le jour et froid la nuit. Il y a très peu de pluie dans le désert. Quand il pleut enfin, les racines du cactus peu profondes lui permettent d'absorber de l'eau plus rapidement.

Sa tige est grosse et épaisse pour stocker de l'eau. Cela signifie que le cactus a encore de l'eau même s'il ne pleut pas pour longtemps.

Également, la tige a beaucoup d'épines. Les épines protègent le cactus contre le soleil ainsi que[2] le vent. Elles aident aussi le cactus à réduire la perte d'eau à cause de l'évaporation.

Quand tu vois un cactus, ne touche jamais ses épines pointues.

1 : sécheresse (f.) – état sec; sans eau

2 : ainsi que – tout comme

A. **Coche ✔ « V » si les phrases sont vraies ou « F » si elles sont fausses.**

1. Le cactus est une plante épineuse.

2. Le cactus se trouve dans le désert.

3. Dans le désert, il fait chaud la nuit.

4. Les racines du cactus sont profondes.

B. **Encercle un mot mal orthographié dans chaque phrase. Ensuite, corrige-le.**

1. Le cactus est une plant épineuse.

2. Ses racines son peu profondes.

3. Le cactus pousse dans le desert.

4. Il fait chaud le jour et froi la nuit.

5. Il y a três peu de pluie dans le désert.

6

Le vol en ballon

des montgolfières

un brûleur

une nacelle

C'était un matin <u>ensoleillé</u>. Alice et ses frères ont profité d'un beau temps pour faire quelque chose de spécial – le vol en ballon. C'était la première fois qu'Alice a voyagé en ballon. On appelle aussi ce ballon « <u>montgolfière</u> ». Alice s'est levée de bonne heure et elle était prête à voler dans le ciel.

Cette montgolfière colorée l'attendait dans le parc. Alice est montée dans la <u>nacelle</u>. Un homme dans la nacelle a utilisé un brûleur pour <u>chauffer</u> l'air. La montgolfière s'est mise à[1] <u>décoller</u> lentement vers le ciel. Alice avait l'air d'un oiseau qui volait au-dessus des arbres, des champs et des maisons dans la brise.

Après quarante minutes, la montgolfière est descendue avant l'atterrissage[2]. Enfin, la nacelle a atterri sur le terrain en douceur. Alice a dit qu'elle avait hâte d'avoir un autre vol en ballon l'année prochaine.

1 : s'est mise à – de « se mettre à »; commencer à

2 : atterrissage (m.) – de « atterrir »; action de toucher le sol

A. Lis le texte. Ensuite, trace des lignes pour associer les mots soulignés aux à leur définitions.

ensoleillé •

montgolfière •

nacelle •

chauffer •

décoller •

• rendre chaud

• ballon à air chaud

• quitter le sol avant de voler

• éclairé par le soleil

• panier d'une montgolfière

B. Encercle « V » si les phrases sont vraies ou « F » si elles sont fausses. Corrige-les et réécris-les.

1. C'était un après-midi ensoleillé.　　V / F

_____

2. La montgolfière était colorée.　　V / F

_____

3. La montgolfière a décollé rapidement.　　V / F

_____

7

La crosse
le sport national d'été du Canada

La crosse est le sport le plus ancien d'Amérique du Nord. Il est d'origine autochtone. Le premier match de la crosse s'est déroulé en 1840 et est devenu populaire. En 1859, le gouvernement canadien a nommé la crosse « jeu national du Canada ». En 1994, on a donné à la crosse le nom du sport national d'été du Canada.

Dans les années 1930, la crosse en enclos a été inventée. Il y a six joueurs par équipe. Elle est plus populaire que la crosse au champ.

On peut jouer à la crosse à l'extérieur ou à l'intérieur. La crosse féminine comprend douze joueuses. La crosse masculine comprend dix joueurs. Quand les joueurs y[1] jouent, il faut qu'ils utilisent une longue crosse pour attraper, passer et transporter une balle en caoutchouc. Ils ont pour objectif de mettre la balle dans le but adverse[2].

une crosse

une balle en caoutchouc

La crosse est un des sports en forte croissance au Canada. Veux-tu jouer à notre sport national d'été?

1 : y – à la crosse

2 : adverse – opposé

A. **Mets les événements dans l'ordre. Écris de 1 à 4 sur les lignes.**

_____ la crosse nommée « sport national d'été du Canada »

_____ la crosse nommée « jeu national du Canada »

_____ l'invention de la crosse en enclos

_____ le premier match de crosse

B. **Écris « V » si les phrases sont vraies, sinon écris « F ».**

1. Il y a seulement la crosse au champ. _____

2. Les joueurs de crosse jouent avec une balle en plastique. _____

3. La crosse en enclos a été inventée dans les années 1930. _____

4. Chaque équipe de la crosse en enclos a six joueurs. _____

5. La crosse est d'origine américaine. _____

6. La crosse est un sport national d'hiver du Canada. _____

Mon frère aime danser

Mon frère Jean est un bon danseur. Il est énergique. Il a 16 ans et danse depuis six ans. Il a gagné beaucoup de récompenses. Il aimerait devenir danseur professionnel à l'avenir.

À l'école, il est aussi un bon élève. Il étudie fort et obtient toujours de bonnes notes. Après l'école, il va au studio pour assister à sa leçon hip-hop avec son meilleur ami Pierre. Comme mon frère, Pierre veut aussi devenir danseur professionnel. Presque[1] tous les jours, ils dansent pendant au moins deux heures dans le studio.

Dans deux mois, il y a une soirée de talents à l'école. Mon frère et Pierre ont décidé à participer à ce concours. Ils répètent très fort pour bien préparer leur premier spectacle de hip-hop. J'ai hâte de le voir! J'espère qu'ils gagneront leur premier concours. Bravo!

1 : presque – à peu près

A.   Encercle les bonnes réponses.

1.   Jean danse depuis ＿＿＿ ans.

   A. cinq   B. six   C. sept

2.   À l'école, Jean est un bon ＿＿＿ .

   A. élève   B. joueur   C. ami

3.   Le meilleur ami de Jean s'appelle ＿＿＿ .

   A. François   B. Louis   C. Pierre

4.   Après l'école, Jean assiste à une leçon de ＿＿＿ .

   A. hip-hop   B. jazz   C. samba

B.   Corrige les phrases. Réécris-les.

des récompenses

1.   Jean n'a pas gagné beaucoup de récompenses.

   ＿＿＿＿＿＿＿＿＿＿＿＿＿＿＿＿＿＿＿＿＿＿＿＿

   ＿＿＿＿＿＿＿＿＿＿＿＿＿＿＿＿＿＿＿＿＿＿＿＿

2.   Pierre veut devenir danseur amateur.

   ＿＿＿＿＿＿＿＿＿＿＿＿＿＿＿＿＿＿＿＿＿＿＿＿

3.   Ils répètent très fort pour bien préparer pour leur deuxième spectacle de hip-hop.

   ＿＿＿＿＿＿＿＿＿＿＿＿＿＿＿＿＿＿＿＿＿＿＿＿

   ＿＿＿＿＿＿＿＿＿＿＿＿＿＿＿＿＿＿＿＿＿＿＿＿

Les narvals –
les vraies licornes

Nous aimons les licornes mais ils ne sont pas de vrais animaux. Nous pouvons seulement trouver des licornes dans les contes de fées.

Sur Terre, il y a une vraie licorne. C'est le narval. Un narval n'est pas un cheval à longue corne mais une baleine!

On peut trouver les narvals dans les eaux autour du Canada et d'autres pays du Nord. Ils mesurent jusqu'à cinq mètres de long. Leur peau à taches blanches est bleu-gris. Ils sont bruns à la naissance. Ils aiment nager avec leurs amis. Comme d'autres baleines, ils utilisent des ondes sonores pour communiquer.

En réalité, la longue « corne » est une dent. Tous les narvals ont deux dents sur la mâchoire[1] supérieure. Mais la dent gauche d'un narval mâle pousse vers l'extérieur après l'âge d'un an. La dent peut pousser jusqu'à trois mètres de long! On l'appelle « défense ».

Les narvals, quels animaux uniques!

1 : mâchoire – partie de la bouche

des taches blanches

une défense

A.   Trouve les mots du texte selon les définitions.

1.   seuls

2.   une longue dent des narvals

3.   pas imaginaires

4.   les plus grands mammifères

5.   des marques colorées

6.   un cheval à longue corne

B.   Complète le tableau.

Les narvals

Longueur : jusqu'à 1._____ mètres de long

Couleurs : (adultes) 2._____

            (bébés) 3._____

Habitat : eaux autour du 4._____ et

            d'5._____

Communication : utiliser des 6._____

L'acrostiche

Il y a beaucoup de façons d'écrire un poème. Un poème n'a pas besoin de rimes. Les lignes d'un poème contiennent[1] beaucoup de ou peu de mots – ou même un mot! Les poèmes peuvent raconter une histoire et exprimer de nombreuses idées. Mais certains poèmes expriment une idée.

Un acrostiche est un poème spécial. Les premiers mots de chaque ligne composent un nom. Ce nom est le titre du poème. Voici les deux exemples :

Ma maman est
Adorable
Modeste
Aimable.
Nous t'aimons beaucoup.

Souvent caché
On te recherche.
La chaleur que tu nous apportes
Est exceptionnelle.
Impatient de voir
Le visage chaleureux.

1 : contiennent – du verbe « contenir »

A. **Écris le titre de chaque poème. Dessine une image liée au titre.**

1. _____

> **M**a maman est
> **A**dorable
> **M**odeste
> **A**imable.
> **N**ous t'aimons beaucoup.

2. _____

> **S**ouvent caché
> **O**n te recherche
> **L**a chaleur que tu nous apportes
> **E**st exceptionnelle.
> **I**mpatient de voir
> **L**e visage chaleureux.

B. **Complète l'acrostiche ci-dessous.**

Nicolas a un grand
Ours brun qui a
Un grand corps que
Nicolas ne peut pas serrer fermement.
Oh là là! Il n'est pas
Un vrai ours.

R_____

S_____

Le haïku

Je suis poète. J'écris toutes sortes de poèmes : des poèmes acrostiches, des poèmes qui riment ou des poèmes qui ne riment pas… Mais mes poèmes préférés sont les haïkus!

Le mot japonais « haïku » signifie « vers[1] courts ». Un haïku est un poème. De nombreux haïkus traitent d'objets dans la nature comme des arbres, des fleurs, des montagnes et des animaux. On écrit des haïkus depuis longtemps. Un haïku se compose de trois vers. Le premier et le dernier vers ont cinq syllabes. Le deuxième vers a sept syllabes.

Bashô est un poète japonais. Il a écrit le premier haïku sur une grenouille :

Furu ike ya (cinq syllabes)
Kawazu tobikomu (sept syllabes)
mizu no oto (cinq syllabes)

Traduction française :

Un vieil étang
Une grenouille qui plonge,
Le bruit de l'eau.

Tu peux aussi écrire ton propre haïku d'une personne ou d'un objet que tu aimes sur trois lignes.

1 : vers – phrases ou lignes dans un poème; un vers (des vers)

A. **Coche ✔ si le poème est un haïku.**

1. *Mon ami cochon,*
   Tu es mignon.
   Je t'aime toujours ☐
   Mon ami cochon.

2.

   Un deux trois
   Les pommiers ☐
   Ils sont grands et verts.

3. *L'été il fait beau.*
   On va nager à la mer.
   Tu l'adores ou pas?

B. **Remplace les mots soulignés pour rendre correctes les phrases.**

1. Le mot haïku signifie « vers <u>longs</u> ». _____

2. Le deuxième vers a <u>cinq</u> syllabes. _____

3. Un haïku a <u>quatre</u> vers. _____

4. Bashô est un poète <u>chinois</u>. _____

5. Bashô a écrit un haïku sur <u>un crapaud</u>. _____

Un troupeau de bernaches

As-tu entendu parler de termes comme une « nuée » d'oiseaux ou un « parlement » de hiboux?

On utilise différents mots pour désigner un groupe d'animaux. Ces mots regroupent les animaux de taille et type similaire. Alexandre travaille dans une ferme et décide d'organiser les animaux en groupes. Il utilise les « noms collectifs » pour chaque groupe d'animaux.

Un « troupeau » désigne les bernaches, les vaches et les moutons. Une « harde » désigne les cerfs et les zèbres. Une « meute » désigne les loups. On dit aussi une « volée » de corbeaux, une « nichée » de souris, un « essaim » d'abeilles et une « colonie » de fourmis.

Quand on utilise les noms collectifs, les conversations deviennent plus amusantes!

A. Lis le texte encore une fois. Ensuite, écris les noms collectifs.

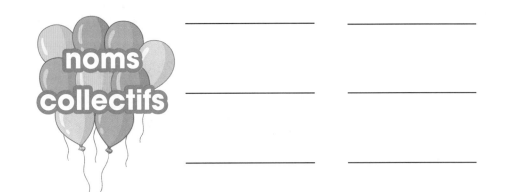

noms collectifs

_____   _____   _____

_____   _____   _____

_____   _____   _____

B. Remplis les blancs avec les mots donnés.

1. un _____ de hiboux

2. une _____ de zèbres

3. un _____ de moutons

4. une _____ de loups

5. un troupeau de _____

6. un essaim d'_____

7. une nichée de _____

8. une nuée d'_____

bernaches
meute
parlement
abeilles
harde
troupeau
souris
oiseaux

Notre visite d'un centre pour
personnes âgées

La semaine dernière, mon amie Francine et moi sommes allés à un aquarium pour voir de beaux poissons. Aujourd'hui, nous visitons un centre pour personnes âgées. Nous rencontrons beaucoup de personnes. Certaines sont en bonne forme. Certaines ne peuvent pas marcher.

Une bénévole[1] nous présente ses amis âgés. Quelques-uns d'eux[2] nous demandent de lire le journal. Nous lisons à haute voix pour qu'ils puissent tout entendre. Les amis âgés trouvent notre lecture excellente. Nous sommes fiers. Ensuite, nous pouvons parler et dîner avec eux. À la table, un homme nous raconte sa vie. Il est ancien combattant et deux femmes viennent de deux pays. Mme Guleed vient de Somalie et Mme Chen vient de Chine. Elles sont gentilles et nous racontent des histoires de leur enfance dans leurs pays natals. Nous pensons que leurs vies semblent difficiles.

Après le dîner, Francine joue du piano. Je chante avec nos amis âgés. Tout le monde est gentil et aimable. Francine et moi aimons passer du temps au centre pour personnes âgées. Nous allons revisiter le centre la semaine prochaine.

1 : bénévole – personne qui travaille volontairement

2 : eux – pronom personnel qui remplace « amis âgés »

A. Mets les événements dans l'ordre. Écris les lettres.

A Les enfants dînent avec les personnes âgées.

B Les enfants visitent le centre pour personnes âgées.

C Un bénévole leur présente les personnes du centre.

D Francine joue du piano et le garçon chante.

E Un homme raconte sa vie aux enfants.

B. Réponds aux questions.

1. Quand les enfants visitent-ils le centre pour personnes âgées?

_____

2. Qui vient de Somalie?

_____

3. Les enfants vont-ils revisiter le centre? Quand?

_____

4. Si tu visites un centre pour personnes âgées, que vas-tu faire?

_____

_____

14

Le glissement de terrain de Frank

Frank était une petite ville à la base du mont Turtle dans le sud-ouest de l'Alberta, plus près de la Colombie-Britannique. Elle était située le long du chemin de fer Canadien Pacifique. L'exploitation minière était l'industrie la plus importante de cette petite ville. C'était une ville prospère.

En 1903, il y avait 600 habitants. Mais le 29 avril, à 4 h du matin, 30 millions de tonnes de roches se sont détachées du mont Turtle. Les roches ont enterré la plupart de la ville. Plus de 70 personnes étaient mortes mais 23 personnes ont été sauvées, y compris[1] 17 mineurs. Les trois quarts des maisons ont été détruites. Les deux kilomètres de chemin de fer ont été effacés. Sûrement, c'était un des pires glissements de terrain dans l'histoire de l'Amérique du Nord.

Le glissement de terrain a duré moins de deux minutes. Les débris se sont répandus à plus de trois kilomètres carrés. Les scientifiques ont toujours voulu savoir comment ces roches ont pu se répandre aussi loin dans si peu de temps. Certains scientifiques croient que l'exploitation minière souterraine et l'érosion causée par le temps ont entraîné ce glissement de terrain.

1 : y compris – incluant

A. Coche ✔ si les phrases sont vraies.

1. Frank était une petite ville minière en Colombie-Britannique.

☐

2. Frank se trouvait à la base du mont Turtle.

☐

3. Le glissement s'est déroulé le 29 avril 1903.

☐

4. Plus de 40 personnes étaient mortes.

☐

5. 17 mineurs ont été sauvés.

☐

6. Le tremblement de terre a causé ce glissement de terrain.

☐

B. Associe les événements aux faits. Écris les lettres.

A la population de Frank

B le jour où s'est déroulé le glissement de terrain

C l'heure où s'est déroulé le glissement de terrain

D le nombre de personnes sauvées

E la durée du glissement de terrain

F la longueur du chemin de fer

1. 23 _____

2. le 29 avril 1903 _____

3. deux kilomètres _____

4. 600 _____

5. deux minutes _____

6. 4 h du matin _____

15

Le durian — le roi des fruits

Au Canada, on cultive des pommes, des poires et des bleuets. Mais à cause du temps froid, on ne peut pas cultiver certains fruits ici. Par exemple, les fruits tropicaux comme les ananas, les mangues et les durians ne peuvent pas être cultivés au Canada.

Les durians sont populaires dans des pays chauds comme la Malaisie, la Thaïlande et Singapour. Le mot « durian » provient du mot malais *duri*, signifiant « épine ».

On nomme le durian « roi des fruits » grâce à sa taille et à sa forte odeur. Un durian mesure 40 centimètres de long et 30 centimètres de large. Sa forme est ovale. Il pèse environ cinq kilogrammes. Sa peau dure verdâtre est couverte d'épines.

C'est à l'intérieur du durian qui est la meilleure partie du fruit. L'odeur est tellement forte qu'à Singapour, il est interdit d'apporter un durian dans une chambre d'hôtel ou à bord d'un train. Parfois, il est même interdit à bord d'un avion!

Malgré son odeur, la chair jaunâtre est savoureuse et a un peu goût de crème. Les animaux tels que les écureuils, les sangliers et les orangs-outans aiment beaucoup les durians.

une peau verdâtre

des épines

ROI des fruits

A.   Écris les mots dans les bonnes places.

les bleuets
la Malaisie
les pommes
la Thaïlande
les écureuils
Singapour
les sangliers
les poires
les orangs-outans
le Canada
les durians

Les fruits

_____

_____

_____

_____

Les animaux

_____

_____

_____

Les pays

_____

_____

_____

_____

B.   Complète le tableau.

Le durian

Forme : 1._____   Poids : environ 2._____ kg

Longueur : 3._____ cm   Largeur : 4._____ cm

Couleurs : peau 5._____ ; chair 6._____

La noix de coco incroyable

Pourquoi la noix de coco est-elle incroyable? C'est possible que tu aperçois[1] de petites noix de coco rondes et brunes aux supermarchés. Essentiellement, une noix de coco a deux parties : le coir et le coprah.

Le coir est une fibre brune. Il entoure l'extérieur de la noix de coco. On l'utilise pour faire des cordes, des fils et des tapis. Le coir est même utilisé pour fabriquer des pots de fleurs et des matelas.

À l'intérieur d'une noix de coco, il y a une partie blanche appelée « coprah ». On l'utilise pour faire des desserts. L'huile de coco est faite à partir du coprah. On utilise l'huile de coco pour faire de la crème solaire et d'autres produits cosmétiques.

Tu peux aussi utiliser le coprah pour faire du lait de coco. C'est facile d'en[2] faire à la maison. Premièrement, ajouter de l'eau chaude dans le mixeur. Ensuite, ajouter de la noix de coco séchée. Enfin, filtrer de petits morceaux de noix de coco.

De plus, il y a de l'eau de noix de coco à l'intérieur. Cette eau a plus de vitamines et moins de calories que le lait et le jus d'orange. De toute façon, l'eau de noix de coco est délicieuse!

1 : aperçois – de « apercevoir »; voir

2 : en – qui remplace « du lait de coco »

A. **Lis le texte. Ensuite, trace des lignes pour associer les parties de la noix de coco à leurs produits.**

le coir •

le coprah •

l'huile de coco •

• **A** des fils

• **B** des produits cosmétiques

• **C** du lait de coco

• **D** des cordes

• **E** de la crème solaire

• **F** des desserts

• **G** des tapis

B. **Complète la recette.**

Lait de coco

Ingrédients : 1 sac de noix de coco séchée

1 verre d'eau chaude

Étapes :

1. _____

2. _____

3. _____

La fête des filles
au Japon

Le 3 mars

Chère Sammy,

Aujourd'hui, c'est un jour spécial. On l'appelle **Hina Matsuri**. **Hina** signifie « poupée » et **matsuri** signifie « fête ». On appelle aussi ce jour « la fête des filles ». Pendant la fête, ma famille nous souhaite un bon succès et un bonheur. Nous mettons les poupées sur une petite étagère à plusieurs niveaux. J'ai quinze poupées. Elles appartenaient à ma grand-mère. Elles sont tellement jolies!

Hier ma mère et moi sommes allées au marché aux fleurs pour acheter des fleurs de pêcher pour Hina Matsuri. Elles sont de couleur rose.

Je porte mon kimono pour la fête. Je prends du thé avec ma famille. Ma grand-mère fait des sushis. Tu aimes les sushis? Peut-être qu'un jour tu pourras en[1] manger. C'est un des mets les plus populaires de la cuisine japonaise.

Joyeux Hina Matsuri, Sammy! Je te souhaite un bon succès et un bonheur!

Ton amie,

Kiyoka

1 : en – qui remplace « des sushis »

des poupées

une étagère à plusieurs niveaux

A. Encercle les objets liés à la fête des filles.

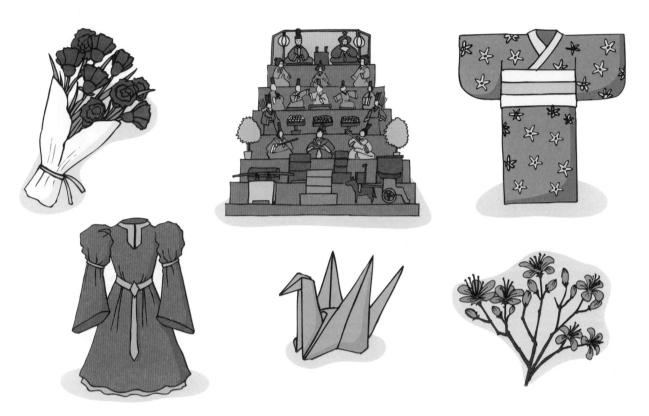

B. Trace des lignes pour associer les mots aux définitions.

1. hina •

2. matsuri •

3. Hina Matsuri •

4. kimono •

5. fleur de pêcher •

• fête des filles

• fleur de couleur rose

• fête

• poupée

• vêtement traditionnel japonais

Les adjectifs possessifs (1)

Un **adjectif possessif** décrit un nom qui le suit. Il désigne la possession. Il s'accorde en **genre** et en **nombre**.

Exemples :

pronoms sujets	je	tu	il/elle
masculin (m.)	mon	ton	son
féminin (f.)	ma	ta	sa
pluriel (pl.)	mes	tes	ses

C. **Encercle le bon pronom possessif pour chaque phrase.**

1. Je porte mon / ma kimono (m.) lors de la fête des filles.

2. Mes / Mon parents et moi aimons aller au marché aux fleurs.

3. Ma mère aime faire des sushis. Son / Ses sushis sont délicieux.

4. « Voilà une lettre de ta / tes correspondante », a dit ma mère.

5. Ma grand-mère m'a donné ses / sa poupée pour Hina Matsuri.

Les adjectifs possessifs (2)

Voici le tableau des **adjectifs possessifs** des pronoms sujets au **pluriel** :

pronoms sujets	nous	vous	ils/elles
masculin (m.)	notre	votre	leur
féminin (f.)	notre	votre	leur
pluriel (pl.)	nos	vos	leurs

votre fille

vos filles

D. **Remplis les blancs avec les bons adjectifs possessifs.**

1. « Madame, j'aime beaucoup _____ kimono », dit Kiyoka.

2. Mes amies portent _____ kimono pour Hina Matsuri.

3. Yumi et moi économisons de l'argent pour acheter _____ poupées.

4. Est-ce que vous parlez de Hina Matsuri à _____ amies?

5. Ma famille et moi mangeons _____ dîner avant d'aller au marché aux fleurs.

6. Comment est-ce que les Japonais célèbrent _____ fête des filles?

Les étoiles filantes

Les étoiles filantes ne sont pas des étoiles. Elles sont des rochers appelés « météores ». Les météores viennent de l'espace vers la Terre. Les météores sont de n'importe quelle taille, grands ou petits.

Un météore peut voler à une haute vitesse jusqu'à 200 000 kilomètres par heure! Quand il passe par l'air, il devient chaud et s'enflamme. Derrière lui, il y a une traînée brillante. On l'appelle « étoile filante ».

Lorsqu'un météore vole dans le ciel, il se casse en plusieurs morceaux. En général, cette « étoile filante » dure moins d'une seconde dans le ciel. Quand les gros météores frappent la surface de la Terre, on les appelle « météorites ». Beaucoup de météorites tombent dans les océans.

C'est une expérience unique de voir une étoile filante. En fait, il y a plusieurs étoiles filantes qui nous passent. Elles bougent tellement vite qu'on les manquera sans y faire bien attention.

As-tu déjà vu une étoile filante? Si non, pourquoi pas trouver un endroit loin de la ville pour la voir avec tes ami(e)s? C'est incroyable de voir les étoiles filantes. Quand tu les vois, n'oublie pas de faire un vœu[1].

1 : vœu – souhait; désir

A. **Réponds aux questions. Encercle les réponses dans les mots cachés.**

• Les étoiles filantes sont des 1. ____ .

• Ces rochers s'appellent 2. ____ .

• Quand un rocher passe par l'air, il devient 3. ____ .

• Une 4. ____ est un météore qui frappe la surface de la 5. ____ .

• C'est 6. ____ de voir les étoiles filantes dans le ciel.

• On peut faire un 7. ____ quand on voit les étoiles filantes.

a	j	a	c	q	a	m	h	ü	j	b	û	l	o	à	c
k	h	w	è	d	r	o	c	h	e	r	s	f	i	r	c
b	y	r	f	s	e	j	m	t	i	d	ë	g	n	e	d
t	s	m	s	c	e	é	a	u	T	g	u	r	c	p	d
r	m	é	t	é	o	r	i	t	e	s	q	r	r	s	n
b	g	t	o	s	v	k	p	n	r	p	r	a	o	c	d
c	z	é	d	f	s	e	ç	d	r	f	î	e	y	v	a
a	f	o	m	s	n	l	o	v	e	d	n	r	a	â	t
b	ê	r	à	f	c	h	a	u	d	e	s	s	b	u	s
c	y	e	w	r	x	m	t	j	w	v	e	v	l	v	h
a	t	s	z	w	i	n	r	f	d	o	v	r	e	s	a
ô	g	h	e	t	p	s	h	h	p	d	v	œ	u	c	n
f	a	r	s	a	k	t	i	c	a	u	x	f	d	n	g

Les adverbes

Un **adverbe** décrit de quelle manière se déroule une action. Beaucoup d'adverbes se terminent par **-ment**. Voici les formations des adverbes :

adjectifs　　　　　　　　　　　　　**adverbes**

| lent | + | e | + | -ment | → | lent**ement** |

| | | rapide | + | -ment | → | rapide**ment** |

Il y a aussi des adverbes irréguliers :

bientôt

toujours

souvent

B.　Transforme les mots entre parenthèses ( ) en adverbes si nécessaire.

1. Fais attention au ciel parce que les étoiles filantes volent (rapide) _____ .

2. Il crie (souvent) _____ quand il voit une étoile filante.

3. Ce soir, nous pouvons voir (certain) _____ la pleine lune.

4. Dépêche-toi et fais un vœu, cette étoile filante va disparaître (bientôt) _____ .

5. La nuit est claire (soudain) _____ . Les étoiles commencent à briller.

Les adverbes en -amment et -emmment

Pour les adjectifs en **-ant** ou **-ent**, les formations des **adverbes** sont suivantes :

adjectif en	adverbes
Exemple : -ant const**ant**	⊕ -amment const**amment**
Exemple : -ent fréqu**ent**	⊕ -emment fréqu**emment**

*Je vais **fréquemment** à ce restaurant.*

C. Transforme les adjectifs entre parenthèses ( ) en adverbes.

1. Paul parle (courant) _____ français et anglais.

2. C'est un livre intéressant que j'ai lu (récent) _____ .

3. Il faut que tout le monde conduise (prudent) _____ .

4. Les élèves de Mme Leblanc ont réussi leur examen (brillant) _____ .

5. Les feuilles dansent dans la brise légère (élégant) _____ .

La coccinelle –
la bête à bon Dieu

Je suis une belle coccinelle. On m'appelle aussi « bête à bon Dieu ».

une aile rouge

des points noirs

La coccinelle est un <u>insecte</u>. La plupart des coccinelles ont sept points noirs sur leurs <u>ailes</u> rouges. <u>Familièrement</u>, on appelle la coccinelle « bête à bon Dieu » en français. En anglais, on l'appelle « ladybug » ou « ladybird » de « Our Lady's bird » (oiseau de Notre-Dame), « Marienkäfer » (<u>coléoptère</u> de Marie) en allemand et « mariquita » (petite Marie) en espagnol.

En été, la coccinelle habite sur les fleurs, dans les <u>arbustes</u> et dans les champs. En hiver, elle habite dans les arbres et dans les maisons.

La coccinelle est importante parce qu'elle mange des insectes qui nuisent aux plantes. Ces insectes s'appellent « pucerons ». La coccinelle mange environ 5000 pucerons pendant la durée de vie. Les <u>ennemis</u> de la coccinelle sont les parasites et les humains. Les parasites dévorent[1] l'intérieur de la coccinelle.

Puisque la coccinelle nous aide beaucoup, il faut la protéger et la laisser vivre dans les jardins.

1 : dévorent – de « dévorer »; manger entièrement

A. **Lis les mots soulignés dans le texte. Associe-les aux définitions. Écris les lettres.**

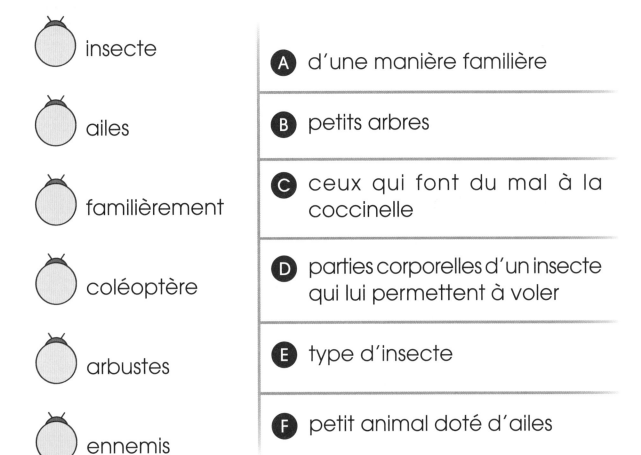

insecte

ailes

familièrement

coléoptère

arbustes

ennemis

(A) d'une manière familière

(B) petits arbres

(C) ceux qui font du mal à la coccinelle

(D) parties corporelles d'un insecte qui lui permettent à voler

(E) type d'insecte

(F) petit animal doté d'ailes

B. **Réponds aux questions.**

1. Comment appelle-t-on la coccinelle dans le langage familier en français?

_____

2. *Quels sont mes habitats en été et en hiver?*

En été : _____

En hiver : _____

Les verbes en -eler

Certains **verbes** en **-eler**, comme « appeler », se conjuguent différemment d'autres verbes au présent comme « parler ». Voici le tableau :

Je **m'appelle** Ève. Comment **vous appelez**-vous?

Je **m'appelle** Élise.

parler	appeler
je parle	j'appelle
tu parles	tu appelles
il parle	il appelle
elle parle	elle appelle
nous parlons	nous appelons
vous parlez	vous appelez
ils parlent	ils appellent
elles parlent	elles appellent

C. **Encercle le bon verbe conjugué dans chaque phrase. Fais l'accord avec le sujet.**

1. Ils   appellent / appelons   ce chien André.

2. Comment est-ce que vous   appellent / appelez   ces immeubles?

3. Cette fleur s' appelles / appelle   « anémone ».

4. Mon ami et moi, nous nous   appelons / appellons   au téléphone tous les jours.

5. Mes amis espagnols   appelons / appellent   la coccinelle « mariquita ».

6. En cours, la professeure   appelez / parle   de la bête à bon Dieu.

Le verbe pronominal « s'appeler »

Pour s'informer du nom de quelqu'un ou exprimer le nom, on peut utiliser le **verbe pronominal** « s'appeler ». Le pronom réfléchi se/s' s'accorde avec le sujet.

Exemple : Je **m'appelle** Jérémie.

Comment **vous appelez**-vous?

s'appeler
je **m'**appelle
tu **t'**appelles
il **s'**appelle
elle **s'**appelle
nous **nous** appelons
vous **vous** appelez
ils **s'**appellent
elles **s'**appellent

D. **Remplis les blancs avec le verbe conjugué de « s'appeler ».**

1. Bonjour, je _____ Yves. Comment _____-tu?

2. Madame, comment _____-vous? Nous _____ Léa et Marie. Enchantées.

3. Le plus grand centre d'achats de l'Amérique du Nord _____ West Edmonton Mall.

4. Les pyramides les plus célèbres de l'Égypte _____ les pyramides de Gizeh.

5. Le plus grand lac du Québec _____ le lac Mistassini.

6. Comment le plus grand pays au monde _____-t-il?

Scotty le T. rex

Qui est Scotty le T. rex? C'est le dinosaure le plus complet à Eastend, en Saskatchewan. Scotty n'est pas vivant mais il est un squelette de dinosaure.

Les dinosaures ont disparu[1] il y a des millions d'années. Leurs os ne sont donc pas découverts tous ensemble. Scotty est spécial parce qu'il est un des douze squelettes de dinosaure complets au monde.

Le squelette de Scotty a été découvert par un professeur en 1991. Ensuite, certains scientifiques sont venus étudier ses os. Ils ont trouvé qu'il est un squelette d'un tyrannosaure, aussi connu comme le Tyrannosaurus rex (T. rex). Scotty pèse 8,8 tonnes et mesure environ 13 mètres.

On peut rencontrer Scotty au T. rex Discovery Centre à Eastend. Chaque année, environ 9000 personnes visitent Scotty avec leurs familles, leurs amis, leurs écoles ou même toutes seules. Viens visiter Scotty aujourd'hui!

1 : disparu – de « disparaître »; ne plus exister

A. **Lis le texte. Coche ✔ l'idée principale de chaque paragraphe.**

1er paragraphe

| A | Scotty le T. rex est le dinosaure à Eastend en Saskatchewan. |

| B | Il y a des dinosaures en Saskatchewan. |

2e paragraphe

| A | Scotty est un des squelettes de dinosaure les plus complets du monde. |

| B | De nos jours, il n'y a pas de dinosaures vivants. |

3e paragraphe

| A | Le professeur qui a découvert le squelette est scientifique. |

| B | Le squelette de Scotty a été découvert en 1991 et Scotty est un T. rex. |

4e paragraphe

| A | Beaucoup de personnes visitent Scotty. |

| B | Environ 9000 personnes visitent Scotty chaque année. |

La ponctuation (1)

Tu penses que je peux sauter plus haut?

Toutes les phrases se terminent par un **signe de ponctuation**.

- **.** Une phrase déclarative ou impérative se termine par « . ».
- **?** Une phrase interrogative se termine par « ? ».
- **!** Une phrase exclamative se termine par « ! ».

B. Ajoute un bon signe de ponctuation à la fin de chaque phrase.

1. Où le squelette de Scotty se trouve-t-il

2. Il se trouve près d'ici

3. Quel squelette de dinosaure incroyable

4. Quand l'a-t-on découvert

5. Il a été découvert il y a plus de 20 ans

6. Prenons une photo de ce squelette

7. Est-ce que tu peux m'envoyer cette photo

8. Quelle visite très géniale au musée

Les guillemets

Les **guillemets français** « » sont différents des **guillemets anglais** " ".
Ils servent à marquer un discours direct ou une citation.

Exemples :

- Pierre dit : **«** Allons visiter le musée. **»** ⟵ **discours direct**

- Qu'est-ce qui signifie **«** T. rex **»**? ⟵ **citation**

C.   Lis les phrases, ajoute les guillemets « » si nécessaire.

1.   Je lui dis : On va à quel musée?

2.   Le musée des beaux-arts et le musée des sciences, tu préfères lequel?

3.   Pierre me répond : Allons au musée des sciences.

4.   On peut visiter le musée des sciences gratuitement.

5.   Pierre me demande : Qu'est-ce qui signifie gratuitement?

6.   Je lui explique : On ne doit pas payer le droit d'entrée.

7.   Je lui demande de m'envoyer les photos qu'il a prises.

L'école de cirque

Ma tante Julie est étudiante de l'École nationale de cirque à Montréal. Elle est occupée à l'école. Elle suit les cours d'anatomie et de nutrition. Elle suit aussi les cours de français, de musique et de rythme. Elle fait beaucoup d'étirements. Ils sont importants pour les artistes de cirque. Elle suit les cours d'équilibre. Elle peut rester en équilibre sur un ballon, une chaise et un fil de fer.

En cours d'acrobatie, ma tante apprend à se balancer sur un trapèze et à monter à un tissu aérien. C'est comme faire de la danse dans l'air!

En cours de clown, elle apprend à tomber sans se faire mal. Elle apprend aussi à exprimer ses émotions avec son corps. De plus, elle apprend à jongler avec des balles.

Bientôt, ma tante va finir ses cours. Ensuite, elle va obtenir son diplôme d'études collégiale en arts du cirque. Avec son expérience, elle pourra[1] trouver un emploi. Elle veut devenir artiste du fameux cirque – le Cirque du Soleil. J'ai hâte de voir que son rêve se réalisera bientôt.

1 : pourra – « pouvoir » au futur simple

A. Écris les noms de cours que Julie suit à son école.

Ecole de cirque

1. cours d'_____

2. _____

3. _____

4. _____

5. _____

6. _____

7. _____

8. _____

B. Que veux-tu apprendre à l'école de cirque? Pourquoi?

_____

_____

_____

_____

_____

C. **Selon les images, remplis les blancs avec les mots donnés.**

> jongler   trapèze
> étirements   tissu aérien
> fil de fer   en équilibre

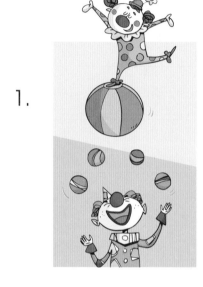

1. Le clown reste _____ sur un ballon.

Le clown est en train de _____ .

2. L'artiste fait des _____ .

L'artiste se déplace en équilibre sur un _____ .

3. L'artiste monte à un _____ .

Le trapéziste se balance sur un _____ .

Les prépositions

Certaines **prépositions** nous informent où se passe quelque chose. Certaines nous informent quand il se passe.

Exemples : Ma tante Julie prend ses cours **à** l'École nationale de cirque.
└─où

Elle s'y est inscrite **en** 2019.
└────quand

D. **Encercle les prépositions. Ensuite, écris les mots dans les bonnes places.**

à Montréal

en 2019

devant la maison

au Canada

dans trois jours

en été

à côté de l'école

dans le ciel

depuis 2015

à sept heures

Où

à Montréal

_____

_____

_____

_____

Quand

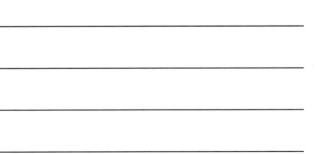

en 2019

_____

_____

_____

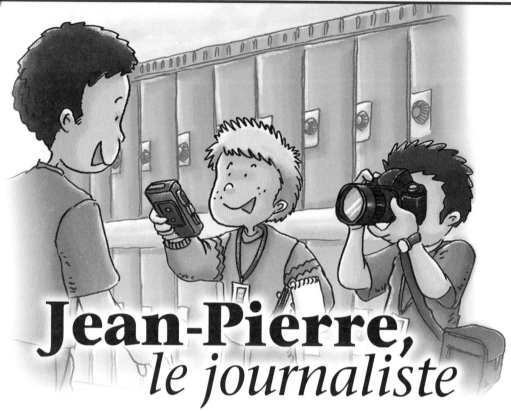

Jean-Pierre, *le journaliste*

Jean-Pierre est membre du club de presse à son école. Son club publie le journal scolaire une fois par mois. Jean-Pierre est journaliste. Il aime écrire des articles. Il est toujours capable de trouver plusieurs sujets et beaucoup de photos intéressantes pour ses articles. Donc, tous ses enseignants et ses camarades de classe aiment lire ses articles.

Le mois dernier, Jean-Pierre a écrit un article sur son camarade de classe, Raphaël. Il est danseur. Il a gagné plusieurs prix pour sa danse excellente. Il est connu dans sa ville. L'article traite de l'entraînement de Raphaël pour devenir un bon danseur.

Ce mois, il écrit un autre article sur « le programme vert » de l'école. Grâce à de nouveaux séchoirs à mains, il n'y a plus de serviettes en papier dans les toilettes. Il y a aussi des poubelles de recyclage destinées[1] à des journaux, à du papier et à des canettes. De plus, les gobelets en carton sont maintenant interdits dans la salle des professeurs et la cafétéria.

Jean-Pierre aime son travail. Un jour, il veut devenir un journaliste reconnu. Il espère que ses articles encourageront d'autres jeunes journalistes à poursuivre leur rêve de journalisme.

1 : destinées – réservées

A. **Coche ✔ l'idée principale de chaque paragraphe. Ensuite, réponds à la question.**

1er paragraphe

| A | Jean-Pierre est journaliste du club de presse à l'école. |

| B | Il y a un club de presse à son école. |

2e paragraphe

| A | L'article de Jean-Pierre traite de l'entraînement de Raphaël. |

| B | Jean-Pierre a un camarade de classe qui s'appelle Raphaël. |

3e paragraphe

| A | L'école de Jean-Pierre respecte l'environnement. |

| B | Jean-Pierre écrit un article sur « le programme vert » de l'école ce mois. |

4e paragraphe

| A | Jean-Pierre veut devenir un journaliste reconnu un jour. |

| B | Jean-Pierre aime écrire plus d'articles un jour. |

Imagine que tu sois journaliste, quel type d'article écrirais-tu? Donne un exemple.

_____

Le féminin des noms (1)

En règle générale, on ajoute un **e** pour former le **féminin d'un nom**.

Exemples :

un cousin   une cousin**e**

un professeur   une professeur**e**

B.   Transforme les noms entre parenthèses ( ) en féminin.

1. Elle travaille comme (agent) _____ de voyage.

2. Cette (avocat) _____ mange un avocat.

3. Francine est la meilleure (étudiant) _____ .

4. Je suis (participant) _____ de ce concours.

5. Eugène est (marchand) _____ de journaux à la gare.

6. L'(ami) _____ de ma (voisin) _____ s'appelle Lucie.

Le féminin des noms (2)

En règle générale, le **féminin d'un nom** en **-er** se termine par **-ère**.

Exemples :

un fermier   une ferm**ière**   un policier   une polici**ère**

C. Complète le tableau.

masculin (m.)	féminin (f.)
un cuisinier	
un jardinier	
	une infirmière
un écolier	
	une pâtissière

D. Transforme les mots soulignés en féminin. Ensuite, réécris les phrases.

1. Il y a <u>un</u> <u>ours</u> dans une grotte.

   _____

2. Louise est <u>berger</u> qui habite à la campagne.

   _____

3. <u>Un</u> <u>fermier</u> cultive du maïs à la ferme.

   _____

Un projet spécial

Aujourd'hui, ma maman invite mes amis pour faire un projet spécial : tricoter une couverture. Nous avons besoin d'une paire d'aiguilles et de laines colorées : rose, jaune, bleue, verte et violette. C'est la première fois que je tricote avec mes amis. C'est pourquoi ma maman va nous aider.

Premièrement, ma maman nous apprend à tricoter de grands carrés. Chacun d'entre nous tricote quatre grands carrés. Ensuite, elle nous apprend à coudre ces grands carrés dans une rangée. À l'aide de la laine blanche, nous faisons de petites mailles. Enfin, les carrés se transforment en couverture aux couleurs de l'arc-en-ciel. Ma maman prend donc une photo de mes amis et moi avec la couverture. Nous sommes fiers d'avoir créé notre première couverture.

Cette couverture est conçue[1] pour les enfants d'un orphelinat. Nous allons à l'orphelinat demain pour rendre visite aux enfants. Ma maman nous explique qu'il est important d'aider les moins privilégiés. Mes amis et moi espérons que notre bon œuvre aidera les enfants de l'orphelinat. J'espère également qu'ils aimeront la couverture.

1 : conçue – de « concevoir »; créée

A. Selon les images, écris les mots soulignés dans le texte.

J'aime _____ .

une _____

des _____

des _____

B. Lis le texte. Ensuite, réponds aux questions.

1. De quoi ont-ils besoin pour tricoter?

   _____

2. Combien de couleurs de laines utilisent-ils?

   _____

3. Combien de carrés chaque enfant fait-il?

   _____

4. Pour qui la couverture est-elle conçue?

   _____

Les articles contractés

Quand la préposition « à » est placée devant les articles « le » et « les », il faut écrire les **articles contractés**.

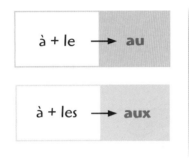

à + le	→	**au**

à + les	→	**aux**

Exemples :

Je vais (à le) parc. ✗

Je vais **au** parc. ✔

Nous rendons visite (à les) garçons. ✗

Nous rendons visite **aux** garçons. ✔

C. Complète les phrases avec les articles contractés si nécessaire.

1. Maman et moi tricotons une couverture (à les) _____ couleurs de l'arc-en-ciel.

2. Les enfants aiment aller (à le) _____ jardin.

3. Allez-vous (à l') _____ école cet après-midi?

4. La professeure apprend (à les) _____ élèves le français.

5. Son amie lui a donné un cadeau (à la) _____ fête d'anniversaire.

6. L'été dernier, ma famille m'a rendu visite (à le) _____ Canada.

Les articles contractés

Les **articles** « le » et « les » **se contractent** aussi avec la préposition « de ».

de + le ⟶ **du**

de + les ⟶ **des**

Exemples :
Tu viens (de le) Canada. ✗
Tu viens **du** Canada. ✔

C'est le livre (de les) élèves. ✗
C'est le livre **des** élèves. ✔

D. Selon la préposition et l'article entre parenthèses ( ), écris l'article contracté dans chaque phrase si nécessaire.

1. Le chant (de le) _____ coq me réveille tous les matins.

2. Le printemps est une saison (de les) _____ fleurs.

3. Quel est le nom (de l') _____ actrice dans ce film?

4. François aime boire (de le) _____ thé vert.

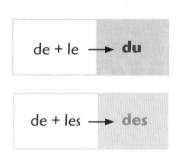

5. Le caneton se trouve à côté (de l') _____ éléphant.

6. Denise aime jouer (de la) _____ guitare et (de le) _____ piano.

7. (À la) _____ ferme, le fermier donne (de les) _____ fruits (à les) _____ animaux.

De quoi l'univers est-il composé?

Les <u>astronomes</u> sont des scientifiques spécialisés dans l'étude de l'univers. Ils croient qu'autrefois les étoiles et les planètes faisaient une grande boule. Ils pensent que l'univers a débuté à la suite d'une grande explosion il y a environ 15 milliards d'années. Ils appellent ce phénomène « <u>Big Bang</u> ».

Les scientifiques croient que cette explosion a envoyé beaucoup de morceaux volants dans plusieurs directions. Ces morceaux ont formé des galaxies qui continuent de se déplacer autour de l'espace. L'univers n'arrête pas de croître.

Dans notre univers, il y a beaucoup de galaxies composées d'étoiles et de gaz. La <u>galaxie</u> où nous vivons s'appelle la <u>Voie lactée</u>. La Voie lactée porte son nom parce qu'elle a l'air d'une traînée blanchâtre[1] comme du lait (lacté). Dans la Voie lactée, il y a environ <u>1000 milliards</u> d'étoiles.

On croit qu'il y a <u>100 milliards</u> de galaxies dans l'univers. C'est impossible de savoir combien d'étoiles compose notre univers. Cependant, les scientifiques estiment qu'il y a environ 100 millions de milliards d'étoiles. Notre univers, c'est immense!

1 : blanchâtre – d'une couleur pâle tirant sur le blanc

A. Associe les mots soulignés du texte à leur définition. Écris les lettres.

1. Voie lactée _____

2. galaxie _____

3. astronomes _____

4. 1000 milliards _____

5. Big Bang _____

6. 100 milliards _____

A. grande explosion il y a 15 milliards d'années

B. galaxie où nous vivons

C. scientifiques spécialisés dans l'étude de l'univers

D. le nombre d'étoiles dans la Voie lactée

E. ensemble d'étoiles et de gaz

F. le nombre de galaxies

B. Réponds aux questions.

1. Que faisaient une grande boule autrefois selon les astronomes?

_____

_____

2. Pourquoi la Voie lactée porte-t-elle son nom?

_____

_____

Les pronoms possessifs (1)

Un **pronom possessif** remplace un adjectif possessif et un nom. Il s'accorde en genre et en nombre avec le nom. Il s'écrit avec un article (le, la ou les).

possesseur (poss.)	singulier (sg.)		pluriel (pl.)	
je	le mien	la mienne	les miens	les miennes
tu	le tien	la tienne	les tiens	les tiennes
il/elle	le sien	la sien	les siens	les siennes

Exemple :

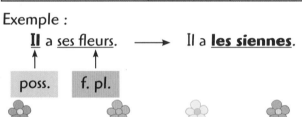

Il a <u>ses fleurs</u>. ⟶ Il a **les siennes**.

poss. f. pl.

C. Remplace chaque mot souligné par un bon pronom possessif.

1. J'ai acheté <u>un chandail</u>. J'ai acheté _____ .

2. Henri a emprunté <u>des livres</u>. Il a emprunté _____ .

3. Tu utilises <u>un crayon</u> pour écrire. Tu utilises _____ pour écrire.

4. Denise porte <u>une robe</u>. Denise porte _____ .

5. Chloé oublie de rendre <u>ses clés</u> (f. pl.) à son amie. Chloé oublie de rendre _____ à son amie.

Les pronoms possessifs (2)

Voici les **pronoms possessifs** des possesseurs « nous », « vous », « ils » et « elles » :

possesseur	singulier (sg.)		pluriel (pl.)
nous	le nôtre	la nôtre	les nôtres
vous	le vôtre	la vôtre	les vôtres
ils/elles	le leur	la leur	les leurs

Exemple :

Nous avons <u>notre voiture</u>.

Nous avons **la nôtre**.

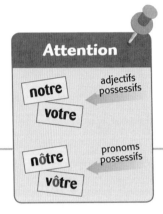

Attention

notre
votre
adjectifs possessifs

nôtre
vôtre
pronoms possessifs

D. Remplace chaque mot souligné par un bon pronom possessif.

1. <u>Mes amis</u> dansent beaucoup. Vous dites que _____ préfèrent chanter.

2. Nous faisons un <u>pique-nique</u> aujourd'hui. Alice et Pierre vont faire _____ demain.

3. Jeans va venir chez moi avec <u>ses amis</u>, mais nous allons y venir sans _____ .

4. J'ai <u>une idée</u> sur ce problème. Mathieu et Julien, vous avez _____ ?

5. Il faut que vous rendiez <u>la chaise</u> à vos voisins, c'est _____ .

Les abeilles et le miel

Les abeilles habitent et travaillent ensemble en colonies. Elles produisent du miel pour l'hiver quand il n'y a pas de fleurs pour recueillir du nectar. Heureusement, il y a tant d'abeilles qui produisent assez de miel pour nous.

Une colonie d'abeilles a une reine, des faux-bourdons (abeilles mâles) et des abeilles travailleuses. La reine est la plus grande abeille de la colonie. Elle pond des œufs pour la colonie. Les faux-bourdons aident la reine à produire des œufs.

Les abeilles travailleuses sont les plus petites. Il y a environ 60 000 abeilles travailleuses. Elles vont chercher du nectar de fleurs en fleurs pour produire du miel. Un faux-bourdon peut vivre jusqu'à huit semaines. Une abeille travailleuse peut vivre de cinq à six semaines. Une reine peut vivre cinq ans.

Pour faire la moitié d'un kilogramme de miel, les abeilles volent plus de 40 kilomètres et visitent deux millions de fleurs! En moyenne, une abeille travailleuse produit 1/10 d'une cuillère à thé de miel dans leur durée de vie.

Merci beaucoup pour votre bon travail, les abeilles! J'adore votre miel.

A. Complète le tableau.

Colonie d'abeilles

Reine

- Taille : la plus <u>1.   </u> abeille

- Nombre : <u>2.   </u>

- Travail : <u>3.   </u>

- Durée de vie : <u>4.   </u>

Faux-bourdon

- Genre : <u>5.   </u>

- Travail : <u>6.   </u>

- Durée de vie : <u>7.   </u>

<u>8.   </u>

- Taille : la plus petite abeille

- Nombre : environ <u>9.   </u>

- Travail : <u>10.   </u>

  <u>   </u>

- Durée de vie : <u>11.   </u>

Les comparaisons

Une **comparaison** est une mise en relation de deux choses en commun. La conjonction « comme » sert à les relier.

rouge

Exemple : Cette chemise rouge est **comme** une pomme rouge.

On utilise également aussi **+** adjectif **+** que .

Exemple : Cette chemise est **aussi rouge que** cette pomme.

B. Coche ✔ si les phrases ont une comparaison.

1. Ce café est aussi bondé qu'une colonie d'abeilles.

2. Mon père travaille dur comme une abeille.

3. Cette ruche est aussi grande qu'un ballon.

4. M. Paré a acheté du miel au supermarché.

5. Tu cours vite comme un léopard.

6. Les abeilles aiment les fleurs colorées.

7. Mon oncle préfère le thé au café.

8. Le miel est aussi sucré que le sirop d'érable.

C. **Complète les comparaisons avec les mots donnés.**

un hôtel   des escargots   un ballon   du café
des oiseaux   une pierre   une voiture de sport

1. La pleine lune est aussi ronde qu'_____ .

2. Les voitures sont lentes comme _____ .

3. Le chocolat a un goût amer comme _____ .

4. Le guépard est aussi rapide qu'_____ .

5. Les enfants chantent bien comme

_____ .

6. La maison de mon cousin est aussi

luxueuse qu'_____ .

7. La noix de coco est aussi dure qu'_____ .

D. **Utilise les comparaisons. Réécris les phrases.**

1. La petite fille est sage.

_____

2. Ma chambre de séjour est lumineuse.

_____

3. Marie nage vite.

_____

Pourquoi éternue-t-on ?

Parfois, on peut faire quelques actions sans pensée. L'<u>éternuement</u>, la <u>toux</u> et le bâillement sont des exemples de mouvements involontaires ou de reflexes. Mais pourquoi le corps fait-il ces mouvements?

Si l'on inspire de la poussière, on tousse pour en libérer les poumons et la trachée. Quand on a sommeil, on <u>bâille</u> pour apporter plus d'oxygène au sang et au cerveau. Lorsqu'on cligne les yeux, on les garde propres et humides pour empêcher la poussière et d'autres objets d'entrer dans les yeux.

L'éternuement se produit quand le cerveau envoie des signaux dans un système. Ce système s'appelle « système nerveux ». Il aide le corps à répondre aux stimulus. Ce système se trouve partout autour du corps. Il couvre le cerveau, la moelle épinière et le bout des doigts ainsi que les orteils. Quand le corps réagit à certaines choses comme une piqûre de moustique, un message est envoyé au cerveau. Ensuite, le cerveau renvoie au corps le message de démangeaison[1].

Sans ces mouvements involontaires, nous ne pouvions pas vivre longtemps. L'éternuement, cela nous protège. Atchoum[2]!

Atchoum!

1 : démangeaison (f.) – sensation désagréable sur la peau
2 : atchoum – onomatopée de l'éternuement

A. **À l'aide des mots soulignés dans le texte, écris les actions des souris.**

1.

l'_____

La souris éternue.

2.

la _____

La souris tousse.

3.

le bâillement

La souris _____ .

B. **Écris « V » si les phrases sont vraies, sinon écris « F ».**

1. L'éternuement, la toux et le bâillement sont des mouvements volontaires. _____

2. On éternue pour libérer les poumons et la trachée de la poussière. _____

3. On cligne les yeux pour les garder propres et secs. _____

4. Le bâillement nous aide à apporter plus d'oxygène au sang et au cerveau. _____

5. Le cerveau envoie des signaux dans le système digestif. _____

6. En plus du cerveau et de la moelle épinière, ce système couvre le bout des doigts et les orteils. _____

7. « Atchoum » est une onomatopée de la toux. _____

Les pronoms objets directs (1)

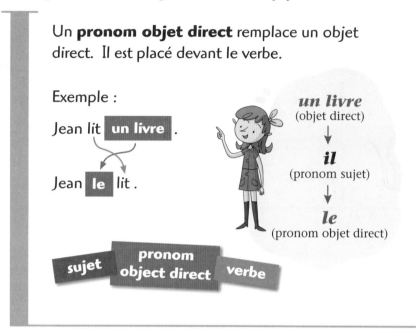

Un **pronom objet direct** remplace un objet direct. Il est placé devant le verbe.

Exemple :

Jean lit un livre .

Jean le lit .

sujet — pronom object direct — verbe

pronoms sujets	pronoms objets directs (*)
je	me (m')
tu	te (t')
il	le (l')
elle	la (l')

*Devant une voyelle, il faut s'écrire **m'**, **t'** et **l'**.

Exemple :

Anne écrit <u>une lettre</u>.
Anne **l'**écrit.
└─voyelle

C.   Remplace les mots soulignés par un bon pronom objet direct.

1.   Pierre fait <u>une tarte</u>. Pierre _____ fait.

2.   Arsène écoute <u>la radio</u>. Arsène _____ écoute.

3.   <u>Je</u> suis perdue. Est-ce que tu _____ vois?

4.   Tu regardes <u>le match de hockey</u>? Oui, je _____ regarde.

5.   Est-ce qu'Anne connaît <u>Élise</u>? Oui, elle _____ connaît depuis deux ans.

6.

Est-ce que Luna la chatte <u>t'</u>aime beaucoup?

Oui, elle _____ aime comme d'habitude!

Les pronoms objets directs (2)

Voici le tableau des **pronoms objets directs au pluriel** :

pronoms sujets	pronoms objets directs
nous	**nous**
vous	**vous**
ils	**les**
elles	**les**

Exemple :

Benoît invite **Hugo et moi** . → **Hugo et moi** (objet direct)

↓

nous (pronom sujet)

↓

nous (pronom objet direct)

Benoît **nous** invite.

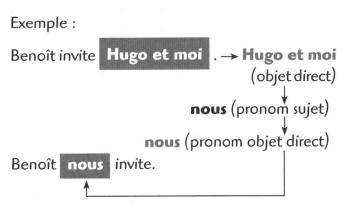

D. **Remplace chaque objet souligné par un bon pronom objet. Réécris les phrases.**

1. Bénédict visite <u>les musées</u> à Ottawa.

   _____

2. Mon père emmène <u>ma sœur et moi</u> à l'école.

   _____

3. Inès attend <u>tes amis et toi</u> pendant une heure.

   _____

4. Mathieu écoute <u>ses chansons</u> en faisant du sport.

   _____

5. Le clown donne <u>les nounours</u> aux enfants.

   _____

Mon frère,
le gardien d'enfant

Mon frère Julien est gardien d'enfant. Il a 15 ans et s'occupe toujours de moi. Parfois, il s'occupe de mes amis et d'autres enfants dans notre voisinage.

Julien travaille <u>dur</u> pour devenir un bon gardien d'enfant. L'année dernière, il a suivi des cours <u>spéciaux</u> de gardiennage. Il a appris des techniques importantes. Il pose toujours des questions aux parents : « Où est-ce que vous allez? », « Quel est votre numéro de téléphone? » et « Quand est-ce que vous allez <u>rentrer</u>? ». Il s'informe aussi des sorties et des <u>points</u> de rassemblement.

Julien garde aussi une liste de numéros de téléphone importants. Par exemple, il peut contacter les services de police et d'incendie, le médecin de famille et un autre adulte qui vit dans le même voisinage. Julien sait quoi faire quand quelqu'un s'étouffe, se coupe ou se brûle. Il n'utilise ni le four ni la cuisinière quand il s'occupe d'un enfant.

Quand Julien s'occupe de moi, il joue toujours avec moi. Il a constamment plein de nouvelles idées intéressantes. Il est mon meilleur frère et gardien d'enfant.

A. **Coche ✔ le bon sens des mots soulignés dans le texte.**

1. dur
   - A avec beaucoup d'efforts
   - B pas mou

2. spéciaux
   - A pas communs
   - B conçus pour un objectif particulier

3. rentrer
   - A entre à nouveau
   - B revenir chez eux

4. points
   - A lieux
   - B marques

B. **Réponds aux questions.**

1. Julien est-il un bon gardien d'enfant? Donne un exemple.

   _____

2. Écris une question que Julien pose aux parents?

   _____

3. À ton avis, pourquoi Julien n'utilise-t-il pas le four et la cuisinière quand il s'occupe d'un enfant?

   _____

   _____

Poser des questions (1)

On peut utiliser « est-ce que » pour **poser une question**. Il faut écrire « est-ce qu' » devant une voyelle.

Exemples : **Est-ce que** Chloé aime courir?

Est-ce qu'elle aime courir?

C. **Utilise « Est-ce que » ou « Est-ce qu' » pour poser les questions selon les réponses.**

1.

Q : _____ Denise joue au soccer le 10 juin?

R : Oui, Denise joue au soccer le 10 juin.

2.

Q : _____

_____

R : Non, Alex ne nage pas le 23 août.

3.

Q : _____

_____

R : Oui, le souper commence à 18 h.

Poser des questions (2)

On peut utiliser des mots interrogatifs pour **poser une question** comme « que », « quand », « où » et « comment » avec « est-ce que (qu') ».

Attention : Que ➕ Est-ce que (qu') ⟶ Qu'est-ce que (qu')

Exemples : **Où est-ce que** vous allez?

Qu'est-ce qu'elles font?

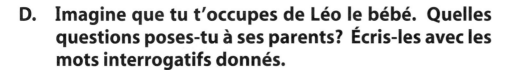

D. Imagine que tu t'occupes de Léo le bébé. Quelles questions poses-tu à ses parents? Écris-les avec les mots interrogatifs donnés.

QUE

- *Qu'est-ce que Léo mange comme déjeuner?*
- _____

QUAND

- *Quand est-ce que Léo se réveille?*
- *Quand est-ce qu'il se couche?*
- _____

OÙ

- *Où est-ce que Léo aime jouer?*
- _____

COMMENT

- *Comment est-ce que je peux vous contacter en cas d'urgance?*
- *Comment est-ce que je donne un bain à Léo?*
- _____

Les marsupiaux

Les mammifères comme les chiens, les baleines et les humains donnent naissance aux bébés. Quand les mères donnent naissance aux bébés, elles nourrissent les bébés en leur donnant du lait. Les bébés grandissent rapidement.

Mais les marsupiaux sont des mammifères uniques. Par exemple, les mères ont une poche ventrale. Leurs bébés sont nés petits, aveugles[1] et sans poils. Ils restent dans la poche de leur mère pour se nourrir de[2] lait. Quand ils grandissent, ils quittent la poche. Mais ils peuvent rentrer dans la poche pour se nourrir de lait.

Il y a tellement de sortes de marsupiaux. Beaucoup d'eux habitent en Australie. Les kangourous, les koalas et les wombats sont les marsupiaux les plus populaires. Les opossums sont les seuls marsupiaux qui habitent en Amérique du Nord. La plupart d'eux habitent dans des zones forestières et dans des prairies.

Ils sont de la taille d'un chat et chassent souvent pendant la nuit. Ils mangent des fruits, des insectes et de petits animaux comme des grenouilles, des rats et des oiseaux.

1 : aveugles – bébés incapables de voir

2 : se nourrir de – s'alimenter; manger

une poche ventrale

A. Mets les phrases dans l'ordre. Écris de 1 à 5.

_____ Le bébé reste dans la poche.

_____ Un bébé marsupial est né.

_____ Le bébé devient grand.

_____ Le bébé rentre dans la poche de sa mère.

_____ Le bébé quitte la poche.

B. Corrige les phrases. Réécris-les.

1. Le bébé marsupial reste dans la poche de son père.

_____

_____

2. Les bébés marsupiaux sont nés aveugles et avec poils.

_____

_____

3. Beaucoup de marsupiaux habitent en Amérique du Nord.

_____

_____

4. Les opossums sont des marsupiaux qui habitent en Asie.

_____

_____

Le pluriel des noms en -al

La plupart des noms en **-al** prennent **-aux** au pluriel.

noms	
singulier	pluriel
-al	**-aux**

Exemple :

un boc**al**   des boc**aux**

Exception : un festival ⟶ des festival**s**

C.   **Écris les noms au singulier ou au pluriel selon les images.**

singulier   **pluriel**

1.   un marsupial   des _____

2.   un animal   _____

3.   un journal   _____

4.   un _____   des végétaux

5.   _____   des hôpitaux

6.   un cheval   _____

7.   un festival   _____

Le pluriel des adjectifs en -al

Comme les noms en –al, beaucoup d'**adjectifs en -al** prennent **-aux** au pluriel.

adjectifs	
singulier	pluriel
-al	-aux

Exemple :

un journ**al** nation**al**   des journ**aux** nation**aux**

D. Écris les mots soulignés au pluriel.

1. L'ami d'André est <u>amical</u>.

   Les amis d'André sont _____ .

2. J'ai visité un palais <u>royal</u> en France.

   J'ai visité des palais _____ en France.

3. Le chien est un <u>animal</u> <u>social</u>.

   Les chiens sont des _____ _____ .

4. Il y a un artiste <u>génial</u> dans ce quartier.

   Il y a des artistes _____ dans ce quartier.

5. C'est le tableau <u>original</u> de Léonard de Vinci.

   Ce sont les tableaux _____ de Léonard de Vinci.

Sciences sociales

Les communautés entre 1780 et 1850

Les premiers habitants du Canada vivaient très différemment de comment nous vivons aujourd'hui. Leur expérience au Canada n'était pas la même que la nôtre.

A. **Lis au sujet de ces groupes des Premières Nations. Ensuite, écris leurs similarités et leurs différences.**

Les Wendats

la maison longue

Les Wendats et les Anichinabés sont des peuples autochtones, mais ils vivaient différemment les uns des autres.

Mes ancêtres vivaient ensemble dans de grands villages fortifiés toute l'année. Plusieurs familles wendates vivaient dans une maison longue. Ils prenaient des terres et cultivaient du maïs, des courges et des haricots.

Les Anichinabés

un wigwam

Mes ancêtres vivaient ensemble dans des villages sédentaires pendant la saison agricole chaude. En hiver, chaque groupe familial s'installait dans son propre camp de chasse. Ils vivaient dans de petites maisons en forme de dôme appelées wigwams. Ces maisons étaient faites de matériaux naturels tels que l'écorce de bouleau et l'herbe. Selon sa taille, un wigwam pouvait avoir une ou plusieurs familles.

Les Wendats et les Anichinabés sont tous deux des peuples spirituels. Cela signifie qu'ils ont de fortes croyances en esprits et en nature ainsi qu'un profond respect pour la nature et les animaux. Leurs vêtements traditionnels étaient principalement fabriqués à partir de peaux tannées des animaux qu'ils chassaient de manière durable.

Les similarités

À quel groupe appartenaient-ils?
De quelle façon étaient-ils spirituels?
Que portaient-ils?

Les Wendats et les Anichinabés

- Les deux sont 1. _____

- 2. _____

- 3. _____

Les différences

Dans quel type de maison vivaient-ils?
Déménageaient-ils fréquemment?
Étaient-ils chausseurs ou fermiers?

Les Wendats

- plusieurs familles vivaient ensemble dans une

  4. _____

- 5. _____

  _____

- 6. _____

  _____

Les Anichinabés

- une ou plusieurs familles vivaient dans un

  7. _____

- 8. _____

  _____

- 9. _____

  _____

B. Ces deux garçons vivaient au Canada et étaient issus de différents milieux. Écris les lettres selon les descriptions des garçons.

A *Son père était commerçant de fourrures européen et sa mère était membre des Premières Nations.*

◯ **un garçon métis**

B *Ses parents étaient esclaves au sud mais ils ont trouvé la liberté au Canada.*

◯ **un garçon afro-américain**

Les responsabilités : à l'époque et de nos jours

Les hommes, les femmes et les enfants au début du XIXᵉ siècle avaient, dans leurs communautés, des responsabilités différentes de celles que nous avons aujourd'hui.

A. **Lis ce que disent ces peuples autochtones. Associe les responsabilités aux gens appropriés. Écris les lettres. Ensuite, écris tes responsabilités dans ta famille.**

A « Je respecte les aînés du clan de mes parents parce que c'est mon clan aussi. Grâce à mes parents et à mes grands-parents, j'apprends les compétences dont j'ai besoin pour survivre et être un membre utile de ma communauté. »

Nous partageons quelques responsabilités pour contribuer à notre famille.

B « J'apprends à mes garçons aînés à chasser et à pêcher. Nous travaillons ensemble pour protéger notre famille et notre communauté. »

C « Mes filles et moi recueillons des baies sauvages, des noix et des légumes. Nous faisons cuire de la viande aussi. »

Les responsabilités de notre famille

Mon père : _____

Ma mère : _____

Moi : _____

B. **Apprends un jour de la vie d'une fille autochtone qui vivait dans le Haut-Canada en 1803. Ensuite, écris un court journal intime pour comparer ta vie avec celle de la fille autochtone.**

Cher journal intime,

C'était un autre long jour. Mes frères, ma sœur et moi avons aidé nos parents avec leurs tâches quotidiennes du matin au soir. Ma mère a enseigné à ma sœur et à moi à déterrer le sol du jardin, car celui-ci devait être prêt à être planté.

La robe de ma mère a enfin été usée. Elle a donc décidé de la découdre et de l'utiliser pour faire de nouvelles robes pour ma sœur et moi. Plus tard, ma sœur et moi avons joué avec nos poupées pendant que nous regardions nos frères jouer à la crosse avec d'autres garçons de la communauté.

Bien à toi,

Genesee

Cher _____

_____

_____

_____

_____

_____

_____

_____

_____

Bien à toi,

_____

Tu peux écrire ce que tu as fait à l'école et au sujet de tes tâches ménagères.

Le transport au Canada à l'époque coloniale

Les Canadiens à l'époque avaient différents moyens de transport. Ils n'avaient pas les mêmes que nous avons de nos jours.

A. **Nomme différents moyens de transport. Ensuite, choisis les meilleurs choix pour les Canadiens à l'époque coloniale. Écris les lettres.**

les raquettes   le canoë   la calèche

A

_____

B

_____

C

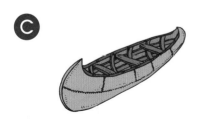

_____

1.

un commerçant de fourrures européen

2.

un autochtone

3.

des premiers colons

B.   Remplis les blancs.

Les canoës en écorce de bouleau - un moyen de transport important

grands   lourdes   bouleau
légers   la traite des fourrures

- Les canoës en écorce de bouleau étaient une invention des peuples autochtones. Ils sont fabriqués à partir de 1._____ .

- Les bouleaux sont idéaux pour fabriquer des canoës parce que son écorce se détache en 2._____ morceaux.

- Les canoës sont 3._____ , faciles à fabriquer et capables de porter des charges 4._____ .

- Les commerçants utilisaient les canoës en écorce de bouleau pendant 5._____ .   Les canoës les aidaient à voyager partout au Canada pour la chasse aux fourrures.

C.   Réponds à la question.

À cette époque, on utilisait les toboggans pour porter des gens et des charges légères d'un endroit à l'autre. Le mot «toboggan» est un terme autochtone parce qu'il a été inventé par les peuples autochtones. Pour quelle activité utilise-t-on les toboggans aujourd'hui?

_____

_____

S'adapter au climat

Le climat du Canada était un grand défi pour les Canadiens à l'époque. Ils n'avaient pas les mêmes ressources que nous avons aujourd'hui, mais ils ont appris à s'adapter au climat.

A. Étiquette la carte. Ensuite, remplis les blancs.

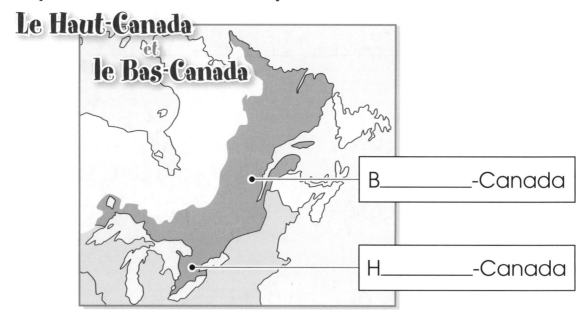

Le Haut-Canada et le Bas-Canada

B_____-Canada

H_____-Canada

bois   abris   Haut   Bas   au chaud

Les premiers colons du 1._____-Canada devaient survivre aux climats plus froids que ceux du 2._____-Canada. Ils n'avaient pas de maisons solides et chaudes que nous avons aujourd'hui. Donc, il leur fallait travailler dur pour établir leurs 3._____ . Il leur fallait défricher les terres et bâtir leurs maisons en 4._____ pour qu'ils restent 5._____ en hiver. Il fallait que les premiers colonisateurs travaillent dur et fassent face à beaucoup de défis.

B. Comment les premiers colons survivaient-ils au froid? Associe les phrase aux images. Écris les lettres.

Les solutions

Les difficultés

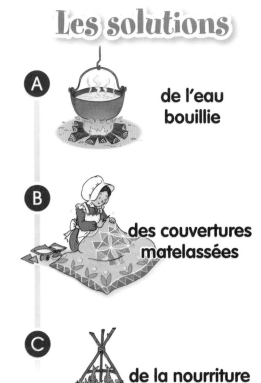

A de l'eau bouillie

B des couvertures matelassées

C de la nourriture séchée

1. Le froid a gelé leur eau. ◯

2. Ils ne pouvaient pas voyager facilement pour chercher de la nourriture en hiver. ◯

3. Ils leur fallait quelque chose pour les garder chaud. ◯

C. Écris une liste de trois détails que Susanna Moodie, canadienne à l'époque, a écrits au sujet du froid.

Le matin du sept, il faisait extrêmement froid que tous les liquides à la maison gelèrent. Le bois ramassé pour le feu était vert, et il s'enflamma très lentement pour arrêter les frissons des femmes et des enfants; je rouspétai à haute voix contre le feu, à l'aide duquel j'essayai de faire fondre du pain congelé et d'habiller les enfants qui pleuraient.
(traduction non officielle)

Comment restons-nous au chaud de nos jours?

- _____

- _____

- _____

_____

_____

_____

5

Les obstacles des premiers colons

Les premières colonies du Canada n'avaient pas les mêmes ressources et aide que nous avons aujourd'hui. La plupart d'entre elles étaient isolées d'autres villes et les premiers colons faisaient face à plusieurs obstacles.

A. Un premier colon devait surmonter une série d'obstacles avant d'avoir sa maison au Canada. Remplis les blancs et mets les images dans l'ordre.

S'installer au Canada

concession de terre

bois   bateau   terre

arriver en toute sécurité en _____

bâtir une maison en _____

défricher la _____

D

Une concession de terre est une terre offerte par le gouvernement aux colons.

recevoir une _____

Une série d'obstacles que les premiers colons devaient surmonter :

◯—◯—◯—◯

B. **Lis pour apprendre quel type d'aide et de ressource dont avait besoin chaque premier colon. Écris les lettres.**

L'aide ou la ressource

A un magasin général   **B** un professeur

C un agent de police   **D** un médecin

1. « Ma mère m'apprend à lire quand nous arrêtons de travailler à la ferme. »   ⭕

4.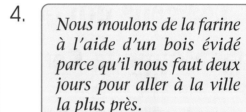

Nous moulons de la farine à l'aide d'un bois évidé parce qu'il nous faut deux jours pour aller à la ville la plus près.

⭕

2. « Les voleurs ont volé mes poules. Il me faut enclore le poulailler pour que cela n'arrive pas encore une fois! »   ⭕

3. « Ma petite sœur est très malade. Nous lui avons donné de la soupe mais nous n'avons aucune idée de ce qu'il faut faire. »   ⭕

C. **Compare notre mode de vie à celle des premiers colons. Écris ce que font les gens d'aujourd'hui.**

L'eau

Les premiers colons : Ils allaient chercher de l'eau dans des sources ou dans des rivières.

Les gens d'aujourd'hui : _____

La lumière

Les premiers colons : Ils utilisaient des bougies et des lampes à huile comme sources de lumière.

Les gens d'aujourd'hui : _____

L'identité canadienne

Nos ancêtres ont établi notre identité canadienne ou qui nous sommes en tant que Canadiens.

A. Remplis les blancs.

Les gens qui ont développé le Canada

anglaise   culture   française
multiculturel   bilingue   deux

Les peuples autochtones du Canada ont développé les bases du mode de vie au Canada. Lorsque les Européens ont commencé à s'établir au Canada, ils ont apporté leur mode de vie avec eux.

Les Français ont colonisé la Nouvelle-Écosse et apporté leur culture et la langue 1._____ au Canada. Les Britanniques sont arrivés à Terre-Neuve et apporté la langue 2._____ du Royaume-Uni. Aujourd'hui, le Canada est 3._____ . Il a 4._____ langues officielles.

Bientôt, beaucoup de gens d'autres pays sont venus au Canada. Ils ont apporté une nouvelle 5._____ . Toutes ces cultures différentes font partie de l'identité canadienne, aidant le Canada à devenir un pays 6._____ . Cela signifie qu'il y a beaucoup de cultures.

B. **Regarde les images des Canadiens à l'époque. Associe-les aux bonnes célébrations canadiennes que nous avons aujourd'hui. Écris les lettres.**

○ Pâques

○ le Mois de l'histoire des Noirs

○ l'Action de grâce

○ la Journée nationale des peuples autochtones

Quelle est ta célébration canadienne favorite? Pourquoi?

_____

_____

Les premiers habitants

Les premiers habitants du Canada sont les peuples autochtones. Depuis des milliers d'années, ils vivent sur la terre que l'on appelle de nos jours le Canada.

A. Lis le texte. Écris les sources d'alimentation des premiers habitants et associe les outils aux bons groupes de peuples.

La terre était la source d'alimentation pour les peuples autochtones. Quelques groupes, comme les Wendats, étaient bons en agriculture. Ils cultivaient des cultures telles que du maïs, des courges et des haricots. D'autres groupes, comme les Anichinabés, étaient de bons pêcheurs et chasseurs. Ils rattrapaient des poissons et chassaient des cerfs, des bisons, des lapins et d'autres animaux.

Les outils

le piège

la houe

le filet de pêche

la bêche en bois

Les sources d'alimentation

Les Wendats _____

La méthode : _____

_____

Les aliments : _____

_____

Les outils : _____

Les Anichinabés _____

La méthode : _____

_____

Les aliments : _____

_____

Les outils : _____

B. **Remplis les blancs pour compléter ce que disent les gens. Ensuite, réponds à la question.**

traîneaux   rivières   enfants   la chasse   des paniers   femmes

Les hommes : Nous jouons un rôle important dans les familles. Nous sommes responsables de 1._____ et de la pêche. Nous défrichons aussi la terre pour nos maisons et nos cultures. Nous construisons les canoës et les 2._____ .

Les enfants : D'habitude, les filles suivent les 3._____ et les aident à coudre et à préparer des repas. Les garçons suivent les hommes pour apprendre à chasser et à attraper des poissons dans les lacs et dans les 4._____ .

Les femmes : Nous prenons soin de la famille. Nous récoltons, ramassons des aliments et préparons les repas. Nous faisons aussi des articles ménagers tels que des tapis, 5._____ et des marmites, ainsi que des filets de pêche. Nous sommes les principales gardiennes des 6._____ .

7. Penses-tu que les rôles des hommes et des femmes autochtones étaient similaires à ou différents de ceux des premiers colons? Explique.

_____

_____

Le départ de la maison

Quand les colons européens sont arrivés, ils cherchaient des terres à habiter. Les peuples autochtones ont été obligés de quitter leurs maisons et leurs territoires traditionnels pour faire place aux nouvelles colonies européennes, même s'ils ne le voulaient pas.

A. Réponds aux questions à l'aide de la carte.

Les colonies européennes sur la terre des peuples autochtones

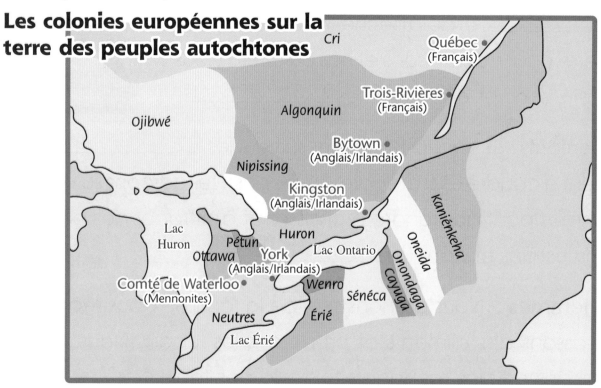

1. Nomme trois peuples autochtones qui vivaient près du lac Ontario.

   _____

   _____

2. Nomme les colonies anglaises/irlandaises qui vivaient près du lac Ontario.

   _____

   _____

3. Nomme les peuples autochtones et les Européens qui vivaient :

   dans le comté de Waterloo

   _____ _____

   à Trois-Rivières

   _____ _____

B. **Remplis les blancs. Ensuite, encercle « V » si la phrase est vraie ou « F » si elle est fausse.**

de l'argent   terres   réserves   les accords   cultiver

Quand les colons européens sont arrivés, ils ont cherché des terres à coloniser. Les peuples autochtones ont été obligés de signer 1.＿＿＿＿＿＿＿＿＿ déclarant qu'ils donneraient une partie de leurs 2.＿＿＿＿＿＿＿ aux colons. Les colons ont ensuite utilisé ces terres pour se loger et 3.＿＿＿＿＿＿＿ . On a dit aux peuples autochtones qu'ils recevraient 4.＿＿＿＿＿＿＿ et la protection. Cependant, les colons n'ont pas respecté cet accord. Des terres appelées 5.＿＿＿＿＿＿＿ ont été mises de côté pour les peuples autochtones, ce qui les a obligés à déménager et à rester au même endroit, limitant leurs libertés et leur mode de vie.

6. Les peuples autochtones voulaient signer les accords déclarant qu'ils céderaient une partie de leurs terres.   V / F

7. Les colons ont construit leurs maisons sur les terres reprises aux peuples autochtones.   V / F

8. On a dit aux peuples autochtones qu'ils recevraient de l'argent et la protection des Européens.   V / F

9. Les réserves étaient les régions où vivaient ensemble les peuples autochtones et les colons.   V / F

Coloniser les terres

Les Européens ont vu que le Canada était un beau pays riche en ressources. Ils sont venus coloniser les terres et bâtir de nouvelles maisons.

A. **Imagine que tu sois un(e) Européen(ne) recherchant un nouvel endroit à coloniser. Quel type de terre voudrais-tu? Coche les lettres.**

Ma nouvelle terre devrait :

(A) *être plus proche de l'eau prête à boire et à irriguer des récoltes.*

(B) *être entourée de belles montagnes comme paysage.*

(C) *être plate et fertile pour l'agriculture.*

(D) *avoir des arbres pour la construction.*

(E) *avoir une belle atmosphère pour le jardinage.*

(F) *avoir accès à un cours d'eau.*

B. **Cette carte montre les premières colonies du Haut-Canada. Selon ce que tu as appris dans (A), explique pourquoi les premiers colons ont choisi ces régions.**

L'eau est un de nos besoins essentiels!

Les premières colonies du Haut-Canada

Fleuve Saint-Laurent
Lac Huron
Lac Ontario
Lac Érié
premières colonies

_____

_____

_____

C. **Mets les phrases dans l'ordre pour montrer comment les colons ont établi leurs colonies.**

Ils ont :

A reçu des outils pour construire et défricher les terres.

B construit des maisons et des bâtiments agricoles, et semé des graines.

C défriché leurs terres en coupant des arbres.

D forcé les peuples autochtones à quitter leurs propres terres.

E récolté des cultures.

Plusieurs colons, comme moi, sont devenus fermiers quand nous avons colonisé le Canada.

Établir une colonie ☐ — ☐ — ☐ — ☐ — ☐

D. **Écris « les hommes », « les femmes » ou « les enfants » pour montrer comment les membres de différentes familles ont aidé le Canada à cette époque.**

La vie à la ferme était difficile pour les colons. Tout le monde dans la famille devait travailler dur pour l'agriculture. Les hommes étaient toujours responsables de travaux physiquement exigeants. Les femmes s'occupaient de repas et de tâches ménagères. Les enfants ramassaient et trouvaient des aliments.

1. _____
   - qui cultivaient
   - qui préparaient des repas

2. _____
   - qui ramassaient des aliments
   - qui nourrissaient des animaux de ferme

3. _____
   - qui labouraient des champs
   - qui coupaient du bois

Changer l'environnement

Les nouveaux arrivants au Canada ont entraîné une influence évidente sur les terres et les habitants qui y vivaient déjà.

A. Lis le texte. Ensuite, remplis les blancs.

Un poste de traite

Les Européens ont appris que les peuples autochtones leur offraient non seulement des aliments frais lors des échanges, mais aussi des fourrures de grande valeur. Les produits du commerce européens se sont ensuite répandus sur les routes commerciales des peuples autochtones qui existaient déjà et le commerce des fourrures s'est rapidement développé. Différents groupes de peuples autochtones se sont alliés aux Français et aux Anglais pour échanger leurs produits.

Comme les Européens voulaient vendre leurs fourrures en Europe, ils ont établi, le long du fleuve Saint-Laurent, des postes de traite où ils faisaient des affaires avec les peuples autochtones. Les Européens ont défriché des terres pour établir leurs maisons et leurs fermes. Par conséquent, de nombreux peuples autochtones ont perdu leurs terres, et un grand nombre d'animaux qu'ils avaient chassés de manière durable ont perdu leur habitat.

Puisque de plus en plus de postes de traite se sont établis, les peuples autochtones ont été forcés à quitter. Ils n'ont pas pu vivre près des rivières riches en poissons et en ressources. Leur mode de vie a changé parce que la chasse avait pour but non seulement de se nourrir, mais aussi de faire des affaires avec les Européens en échange de biens tels que des marmites, des vêtements et des outils métalliques. La fourrure devenant de plus en plus difficile à trouver dans certaines régions, les conflits existants entre divers groupes de peuples autochtones et leurs alliés européens se sont intensifiés, car ils se disputaient tous des terrains de chasse.

Les impacts des Européens

- Les Européens ont établi des postes de _____ pour échanger leurs biens.

- Ils défriché des _____ pour leurs maisons et leurs _____ .

Le mode de vie

- Les peuples autochtones ont été _____ à quitter leurs terres à cause de la croissance des colonies européennes.

- Il leur fallait trouver de nouveaux terrains pour _____ des animaux.

Les conflits

- Les peuples autochtones ont lutté pour leurs terrains de _____ .

- Il leur fallait chasser plus de _____ pour faire des affaires.

L'environnement naturel

- Les terres ont été _____ pour établir de nouvelles colonies.

- Un grand nombre d'_____ ont perdu à cause de la chasse et du manque d'habitat.

B. **Mets les images dans l'ordre de 1 à 3 pour montrer comment les nouvelles colonies européennes ont touché les communautés autochtones.**

11

Les épreuves

La vie était plus dure lorsque les Européens sont venus au Canada. Les peuples autochtones ont enduré beaucoup d'épreuves, tandis que les Européens n'étaient pas préparés aux conditions difficiles. Ils étaient tous deux confrontés à des maladies, à un manque de ressources et à des conflits.

A. Lis le texte. Ensuite, remplis les blancs.

Les Européens ont voyagé au Canada en bateau. Lors de leur voyage, beaucoup d'entre eux ont souffert du scorbut, une maladie causée par un manque de fruits et de légumes dans leur régime. Les peuples autochtones ont donné aux Européens leur remède contre le scorbut. Celui-ci était un thé à base de cèdre et d'aiguilles d'épinette. Malheureusement, les peuples autochtones ont souffert des maladies apportées par les Européens comme la variole, la rougeole et la diphtérie. Des milliers de peuples autochtones sont morts parce qu'il n'y avait pas de remèdes contre ces nouvelles maladies.

Ils ont donné aux Européens leur remède contre le 1._____

Ils ont souffert du scorbut à cause d'un manque de fruits et de 2._____ dans leur régime.

les Européens

les peuples autochtones

Des milliers de peuples autochtones sont 4._____ de maladies transmises par les Européens.

Ils ont apporté aux peuples autochtones les 3._____ comme la variole, la rougeole et la diphtérie.

B. Remplis les blancs pour compléter le texte. Ensuite, réponds aux questions.

animaux   fourrures   métal   chasse excessive

Il y avait bientôt le commerce entre les peuples autochtones et les Européens. Les Européens échangeaient des vêtements et des outils en 1._____ comme des marmites et des couteaux, et les peuples autochtones échangeaient des 2._____ . La traite de fourrures a vite mené à la 3._____ . Bientôt, beaucoup d'animaux ont disparu. C'était un impact significatif chez les peuples autochtones parce qu'ils avaient besoin d'4._____ comme sources de nourriture, de vêtements et d'outils.

5. Comment les populations animales décroissantes ont-elles touché les peuples autochtones?

_____

_____

6. Les terrains où les peuples autochtones pouvaient chasser ont diminué. Pourquoi penses-tu que cela a causé des conflits parmi différents groupes de peuples autochtones?

_____

_____

12

S'entendre ensemble

À cette époque, les gens de différentes cultures vivaient ensemble au Canada. Quelquefois, ils s'aidaient, mais d'autres fois, ils ne s'entendaient pas bien.

A. Écris les lettres pour montrer ce que chaque groupe partageait avec l'autre.

A    **B**    **C** 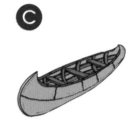   **D**

des épices pour la cuisine

E de nouvelles façons de plantation et de récolte

F des méthodes de chasse et de piégeage

G des voies de passage au Canada

H de la médecine naturelle

I des vêtements

J la religion

Les peuples autochtones

Ce qu'ils ont partagé

Les Européens

B. Remplis les blancs pour compléter la lettre. Ensuite, réponds à la question.

*À cette époque, tout le monde ne s'entendait pas bien au Canada. Les **loyalistes noirs**, par exemple, ont été discriminés par certains autres colons. Les loyalistes noirs étaient esclaves luttant pour le Royaume-Uni pendant la Révolution américaine. En retour, on leur a promis les terres et la liberté. Après la guerre, beaucoup d'entre eux sont allés en Nouvelle-Écosse.*

même   mauvais   terre   dernière
bas   Sierra Leone (endroit en Afrique)

Cher John,

Il m'est difficile de commencer une nouvelle vie ici. Premièrement, il me fallait un an pour recevoir la 1._____ *qu'on m'avait promise. Quand je l'ai enfin reçue, la terre était en* 2._____ *état; elle était sèche, rocheuse et infertile.*

D'autres colons ne sont pas accueillants. Ils ne me traitent pas de la 3._____ *manière. Je suis la* 4._____ *personne à recevoir des aliments et des provisions. Également, mon salaire est bien* 5._____ *que le leur.*

Ma vie d'ici, ce n'est pas facile. Je suis à bord d'un bateau qui va en 6._____ *. Peut-être que la vie sera meilleure.*

Richard

7. Écris deux exemples qui montrent que l'on traitait les loyalistes noirs injustement.

_____

_____

La carte de l'Ontario

Une carte est une représentation géographique. La carte de l'Ontario nous donne des renseignements à propos de ses différentes régions.

A. Regarde la carte de l'Amérique du Nord. Ensuite, réponds aux questions.

1. Trace les lignes pour indiquer les frontières des provinces et des territoires du Canada.

OCÉAN
ARCTIQUE

CANADA

OCÉAN
PACIFIQUE

High Level
•Inukjuak

ALBERTA

QUÉBEC

Edmonton

ONTARIO

2. Associe les mots donnés à ces façons de représentation.

Thunder Bay
Québec•

Toronto

OCÉAN
ATLANTIQUE

villes   océans
pays   provinces
capitales

ÉTATS-UNIS

a. _____ : grandes lettres majuscules noires en gras

b. _____ : lettres majuscules bleues

c. _____ / territoires : moyennes lettres majuscules noires en gras

d. _____ : points rouges

e. _____ : points noirs

3. Pourquoi y a-t-il différentes façons de représentation sur les cartes?

_____

4. Réécris chaque nom en utilisant la bonne façon de représentation.

Chine

_____

Nouvelle-Écosse

_____

Océan Indien

_____

Territoires du Nord-Ouest

_____

Barrie (ville en Ontario)

_____

B. Regarde la carte de l'Ontario. Ensuite, réponds aux questions.

1. Nomme les villes et dessine les symboles pour les indiquer.

La capitale du Canada

_____ ; ☐

La capitale de l'Ontario

_____ ; ☐

Une ville en Ontario

_____ ; ☐

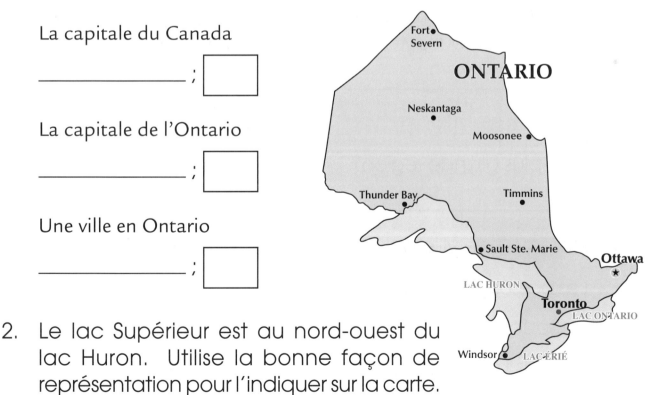

2. Le lac Supérieur est au nord-ouest du lac Huron. Utilise la bonne façon de représentation pour l'indiquer sur la carte.

Les régions physiographiques de l'Ontario

L'Ontario comprend différentes régions physiographiques. Leurs caractéristiques spéciales et uniques favorisent différentes activités humaines.

A. Colorie la carte pour indiquer les régions physiographiques de l'Ontario. Ensuite, réponds aux questions.

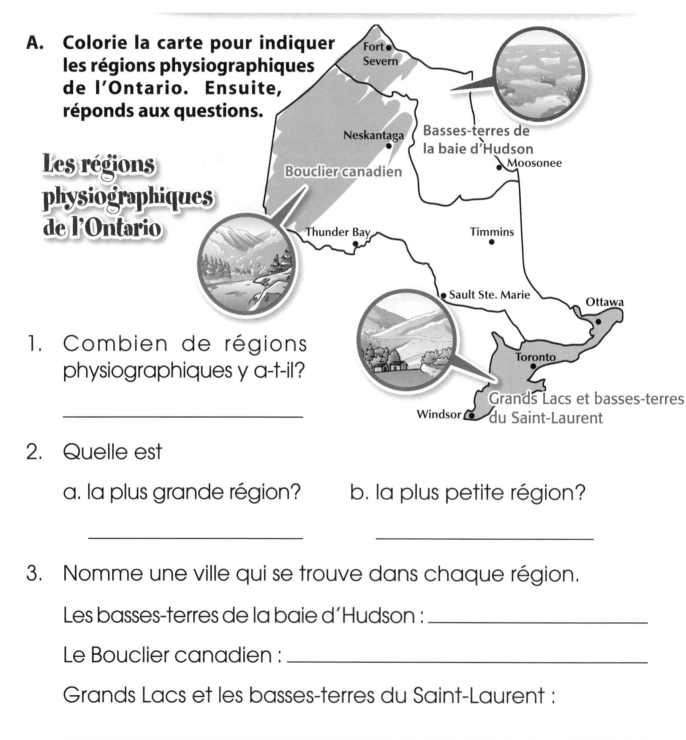

1. Combien de régions physiographiques y a-t-il?

   _____

2. Quelle est

   a. la plus grande région?   b. la plus petite région?

   _____   _____

3. Nomme une ville qui se trouve dans chaque région.

   Les basses-terres de la baie d'Hudson : _____

   Le Bouclier canadien : _____

   Grands Lacs et les basses-terres du Saint-Laurent :

   _____

B.   Lis au sujet des régions physiographiques. Remplis les blancs.

Les régions physiographiques de l'Ontario

Le Bouclier canadien   marécages   l'exploitation minière
minéraux   la pêche   fertiles   plaines   l'agriculture
substrat rocheux   les ours polaires

Les basses-terres de la baie d'Hudson

- plusieurs lacs, rivières et 1._____

- animaux : les caribous et 2._____

- les activités humaines : la chasse et 3._____

• •

4._____

- l'ancien 5._____ et les forêts

- beaucoup de 6._____ comme l'or
  et le cuivre

- animaux : les ours noirs, les lynx et les orignaux

- les activités humaines : 7._____ et l'exploitation forestière

• •

Grands Lacs et les basses-terres du Saint-Laurent

- plusieurs collines et 8._____

- les sols 9._____

- les animaux : les ratons laveurs, les cerfs et les castors

- les activités humaines : 10._____ et la fabrication

Où vivent les gens

Les gens vivent dans différentes parties de l'Ontario. Certains vivent dans le Nord de l'Ontario et certains vivent dans le Sud de l'Ontario. Chaque région a ses propres caractéristiques uniques.

A. Regarde la carte. Ensuite, réponds aux questions.

Les villes les plus peuplées, les réserves et l'utilisation des terres en Ontario en 2011

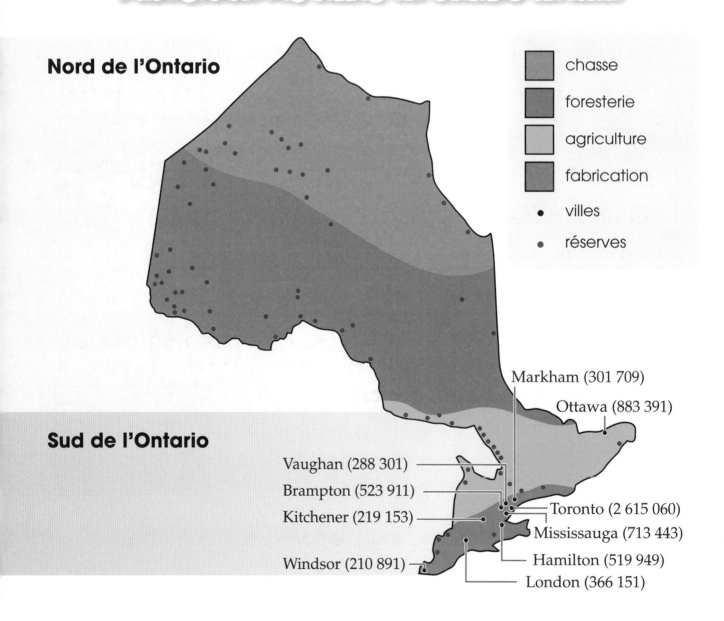

Nord de l'Ontario

- chasse
- foresterie
- agriculture
- fabrication
- • villes
- • réserves

Sud de l'Ontario

Markham (301 709)
Ottawa (883 391)
Vaughan (288 301)
Brampton (523 911)
Kitchener (219 153)
Toronto (2 615 060)
Mississauga (713 443)
Windsor (210 891)
Hamilton (519 949)
London (366 151)

1. Les trois villes les plus peuplées de l'Ontario et leurs populations :

   _____   _____   _____

   Population : _____   Population : _____   Population : _____

2. Écris à propos de l'utilisation des terres. Ensuite, remplis les blancs avec les bons mots.

   peuplé   naturelles   zones sauvages   hivers

   ### Le Nord de l'Ontario

   L'utilisation des terres :

   _____

   _____

   Les caractéristiques :

   les _____ isolées

   plus de ressources _____

   ### Le Sud de l'Ontario

   L'utilisation des terres :

   _____

   _____

   Les caractéristiques :

   densément _____

   les _____ relativement

   plus courts et plus chauds

3. Où les villes les plus peuplées se situent-elles? Sais-tu pourquoi?

   _____

   _____

4. Quelles sont les avantages de vivre dans le Nord de l'Ontario?

   _____

   _____

Profiter de l'Ontario aujourd'hui

L'Ontario est une grande et belle province qui a beaucoup de caractéristiques précieuses. Il y a beaucoup de choses à faire dans cette province.

A. **Regarde les beaux parcs de l'Ontario. Remplis les blancs pour compléter les descriptions.**

Toronto   ski   variété   Thunder Bay   randonnée   récréatives

Le parc provincial Algonquin

Le parc provincial Algonquin se trouve au nord-est de 1._____ . C'est une belle région de forêts, de collines et de lacs. Il y a une grande 2._____ d'espèces de plantes et d'animaux. On aime cette ambiance naturelle et profite de différentes activités 3._____ comme le camping, la randonnée et l'équitation.

Le parc provincial Kakabeka Falls

Le parc provincial Kakabeka Falls se situe au sud-ouest de 4._____ . Il y a les deuxièmes chutes plus élevées de l'Ontario. Les chutes sont escarpées et puissantes. On aime faire de la 5._____ en été et faire du 6._____ de fond en hiver.

B. L'Ontario est un bel endroit où on peut faire beaucoup d'activités. Remplis les blancs et associe les activités aux endroits en Ontario. Écris les lettres.

Les activités en Ontario

A le transport de marchandises maritime

B la culture et l'élevage **C** la culture du raisin

D le ski alpin **E** la motoneige

Les endroits en Ontario

Blue Mountain les forêts du Nord de l'Ontario
les vignobles de la région de Niagara
le port de Thunder Bay lac Ontario

1.

les terres agricoles près du

_____

2.

_____

3.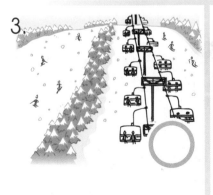

_____

4.

_____

5.

_____

Travailler en Ontario aujourd'hui

Différentes régions de l'Ontario offrent différents types d'emplois. On a donc beaucoup de choix de travail en Ontario.

A. Lis ce que les gens parlent de leur propre emploi. Nomme les emplois. Ensuite, associe-les aux bons endroits en Ontario. Écris les lettres.

un chef   une guide touristique
un travailleur d'usine

Les endroits en Ontario

1.

J'amène les touristes aux chutes du Niagara. Ils aiment voir leur beauté naturelle.

_____ ; ◯

A

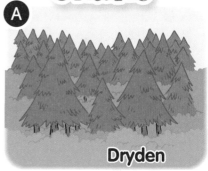

Dryden

2.

Je travaille dans une usine à papier. Nous allons chercher du bois dans beaucoup de forêts dans notre région.

_____ ; ◯

B

Les chutes du Niagara

3.

Je travaille dans un restaurant. Ma ville est diverse et on peut goûter beaucoup de cuisines

_____ ; ◯

C

Toronto

B. **Regarde le tableau des heures de travail d'Éric pour ses trois emplois différents pendant l'année. Ensuite, réponds aux questions.**

Heures de travail annuel d'Éric

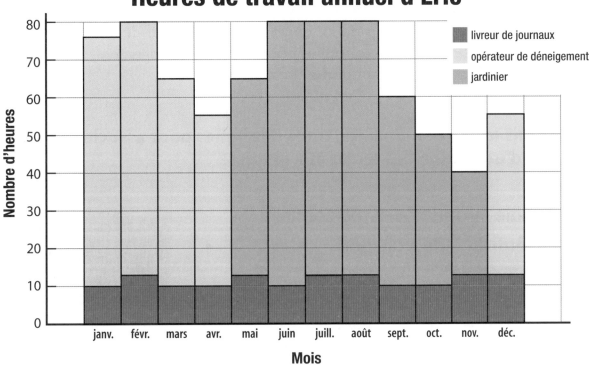

1. Combien de mois de l'année Éric a-t-il travaillé comme

   a. livreur de journaux?

   _____ mois

   b. opérateur de déneigement?

   _____ mois

   c. jardinier?

   _____ mois

2. Quels emplois d'Éric dépendent des saisons?

   _____

   _____

3. Pense à un emploi qu'on ne peut faire qu'en

   a. été _____

   b. hiver _____

Les terres précieuses de l'Ontario

Il y a beaucoup de raisons pour lesquelles on dépend des terres de l'Ontario. On les utilise pour la chasse, le logement, le commerce, l'industrie, le transport et la récréation.

A. Remplis les blancs. Ensuite, trace des lignes pour associer différents types d'utilisation des terres aux images.

commerciale   agricole   résidentielle
récréative   de transport

L'utilisation des terres

1. _____•
   l'agriculture

2. _____•
   les affaires

3. _____•
   les sports et les loisirs

4. _____•
   les voyages

5. _____•
   le logement

des immeubles commerciaux à Toronto

un verger de pommiers à Newmarket

Wasaga Beach dans le comté de Simcoe

le développement de maisons à Burlington

la route 11/17 à Thunder Bay

B. **Colorie en vert la moraine d'Oak Ridges. Ensuite, remplis les blancs pour compléter ce que Sarah Winterton dit de la ceinture de verdure de l'Ontario.**

On profite bien des terres précieuses de l'Ontario. On travaille ensemble pour protéger les espaces verts du développement. Les zones de protection sont des sites protégés où se trouvent les habitats naturels des animaux et des plantes.

Une zone de protection - la moraine d'Oak Ridges

Lac Simcoe

Lac Ontario

Sarah Winterton
Directrice générale,
Environnemental Defence
Canada

| eau | protéger | air | vertes | Ontariens |

La ceinture de verdure de l'Ontario joue un rôle significatif dans la protection des espaces 1._____ , des marécages, de l'2._____ potable et des terres agricoles. Grâce à la nouvelle campagne de protection, la ceinture de verdure peut 3._____ définitivement les vallées fluviales urbaines. Cela permettra à la ceinture de la verdure de se développer, de continuer de purifier notre 4._____ et notre eau, et de rapprocher des millions d'5._____ .

(traduction non officielle)

*La moraine d'Oak Ridges fait partie de la ceinture de verdure de l'Ontario.

Utiliser nos terres

Les ressources naturelles de l'Ontario sont précieuses. Il nous faut les utiliser de façon responsable.

A. Lis au sujet de la forêt boréale. Ensuite, remplis les blancs.

La forêt boréale

habitat
quarts
ouest
dominante
bois
récréatives

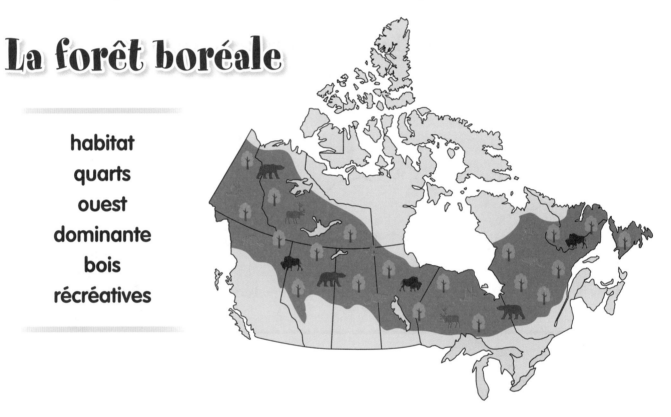

La forêt boréale est la zone forestière 1.＿＿＿＿＿＿＿＿ au Canada.
Elle couvre le Canada d'2.＿＿＿＿＿＿＿ en est et représente
plus de trois 3.＿＿＿＿＿＿ de la superficie totale des forêts
du Canada. La forêt boréale fournit un 4.＿＿＿＿＿＿＿ aux
différentes espèces d'animaux et de plantes. Elle fournit aussi
des ressources pour des produits précieux en 5.＿＿＿＿＿＿＿ .
La forêt boréale offre beaucup d'occasions d'emploi et
d'activités 6.＿＿＿＿＿＿ .

B. Lis au sujet du déboisement. Ensuite, réponds aux questions.

> *Le déboisement consiste à couper une partie d'une forêt et à utiliser cette zone pour l'exploitation forestière, la construction de routes, l'agriculture et l'élevage.*

1. Quelles sont les raisons du déboisement?

> *Afin de réduire les effets néfastes du déboisement, on laisse la zone se régénérer ou plante des semis si la régénération naturelle ne se produit pas.*

_____

_____

2. Quand il y a un déboisement, comment touche-t-il?

   les animaux : _____

   les plantes : _____

   les humaines : _____

3. Que se passera-t-il si l'on coupe toutes les forêts un jour?

   _____

   _____

4. Que fait-on pour réduire les effets néfastes du déboisement?

   _____

   _____

Utiliser nos ressources

Quand nous utilisons les ressources de l'Ontario, il y a un impact sur notre environnement. En tant qu'habitants en Ontario, il nous faut le garder propre et sain.

A. Lis le texte sur l'exploitation minière. Ensuite, réponds aux questions.

L'exploitation minière en Ontario

L'exploitation minière est une industrie importante en Ontario. À l'aide de cette industrie, on peut obtenir beaucoup de ressources précieuses comme l'or, le cuivre et le nickel. Cependant, l'exploitation minière a des impacts nuisibles sur l'environnement. La construction de nouvelles routes et de lignes électriques détruit le paysage autour des sites miniers. Les plantes et les animaux perdent leurs habitats quand les forêts sont défrichées. Également, l'exploitation minière entraîne des produits chimiques toxiques qui contaminent notre eau et notre sol.

À la suite des problèmes environnementaux causés par l'exploitation minière, le gouvernement a imposé différents règlements. Ceux-ci surveillent toutes les activités minières et s'assurent que les sociétés minières n'endommagent pas beaucoup l'environnement. Les sociétés minières sont responsables de la réhabilitation minière avant l'opération de leurs sites miniers. Après leurs activités d'exploitation, il faut réhabiliter leurs sites miniers à l'aide du sol et planter de la végétation sur les sites. Cette action permet aux sites miniers de remettre en état original.

1. Que peut-on obtenir à l'aide de l'exploitation minière?

   _____

2. Quels sont les impacts environnementaux négatifs sur

   les terres : _____

   les plantes et les animaux : _____

   l'eau et le sol : _____

3. Comment les sociétés minières aident-elles un site minier à remettre en état original?

   | **1ʳᵉ étape** | _____ |
   | **2ᵉ étape** | _____ |

4. Mets les images dans l'ordre pour montrer le changement d'un site minier.

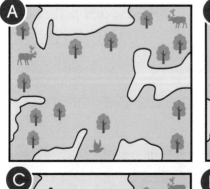
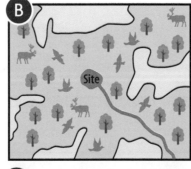
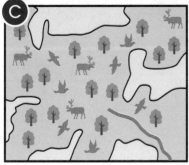
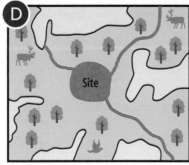

De **l'exploitation minière** à **la réhabilitation**

Développer les terres

À mesure que les villes grandissent, on développe plus de terres en réponse aux besoins des habitants. Cet agrandissement touche notre environnement. Alors, on travaille dur pour diminuer cet impact.

A. Regarde la carte du grand Toronto. Trace la frontière de la ville de Toronto. Ensuite, réponds aux questions.

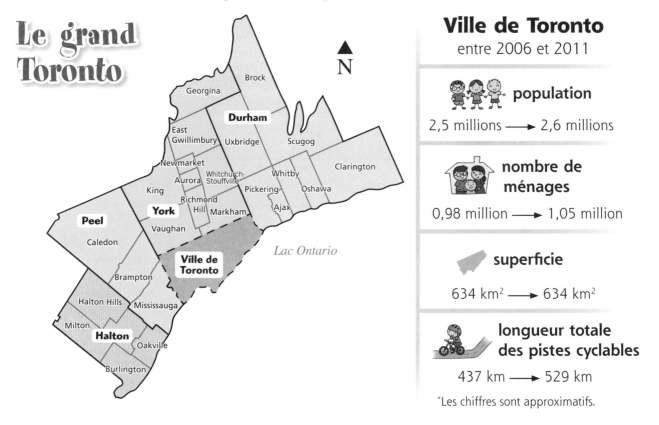

Le grand Toronto

Brock
Georgina
Durham
East Gwillimbury   Uxbridge   Scugog
Newmarket   Whitchurch-Stouffville   Whitby   Clarington
Aurora
King   Pickering   Oshawa
Richmond Hill   Markham   Ajax
York
Peel   Vaughan
Caledon   *Lac Ontario*
Ville de Toronto
Brampton
Halton Hills   Mississauga
Milton
Halton   Oakville
Burlington

N

Ville de Toronto
entre 2006 et 2011

population
2,5 millions ⟶ 2,6 millions

nombre de ménages
0,98 million ⟶ 1,05 million

superficie
634 km² ⟶ 634 km²

longueur totale des pistes cyclables
437 km ⟶ 529 km

*Les chiffres sont approximatifs.

1. Nomme deux villes avoisinantes de la ville de Toronto.

_____

2.

> *Comme toutes les villes sur la carte ont été bien développées, c'est difficile pour Toronto de s'étendre. Penses-tu que c'est possible que Toronto s'étend vers le sud? Pourquoi?*

_____

3. Écris comment la ville de Toronto a changé entre 2006 et 2011 en matière de

    • population : _____ • nombre de ménages : _____

    • superficie : _____

    • longueur totale de pistes cyclables : _____

4. Que la ville de Toronto a-t-elle fait pour encourager les gens à aller à vélo afin de réduire les embouteillages et la pollution de l'air?

    _____

B. Indique différents moyens de transport dans la ville de Toronto. Ensuite, réponds à la question.

1. **avion   train   vélo   voiture   métro**

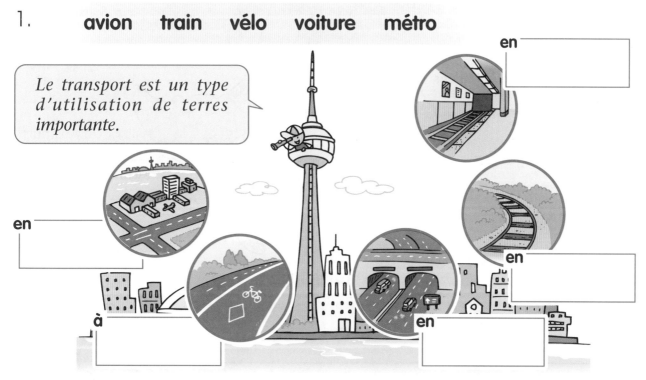

Le transport est un type d'utilisation de terres importante.

2. Plusieurs gens font du covoiturage pour se déplacer. Pourquoi penses-tu que c'est une bonne idée?

    _____

Les gouvernements régionaux

L'Ontario se divise en plusieurs municipalités. Une municipalité peut être une ville, un canton, un village, un comté ou une réserve. Le gouvernement de l'Ontario et les gouvernements municipaux (régionaux) travaillent ensemble pour résoudre des problèmes en Ontario.

A. Remplis les blancs pour compléter les noms des municipalités en Ontario. Ensuite, réponds aux questions.

1.

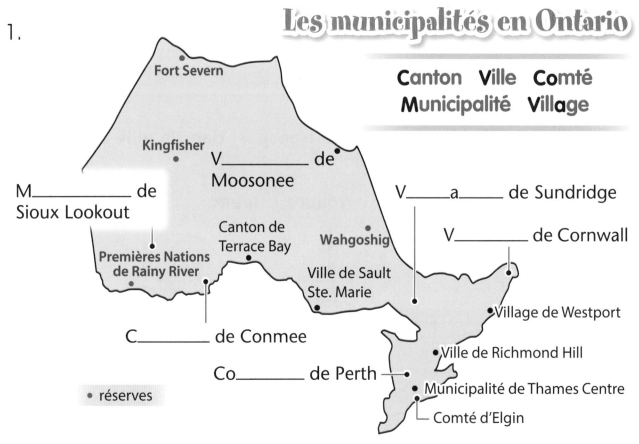

Les municipalités en Ontario

Canton   Ville   Comté
Municipalité   Village

Fort Severn

Kingfisher

V_____ de Moosonee

M_____ de Sioux Lookout

V____a____ de Sundridge

V_____ de Cornwall

Premières Nations de Rainy River

Canton de Terrace Bay

Wahgoshig

Ville de Sault Ste. Marie

•Village de Westport

C_____ de Conmee

Co_____ de Perth

• réserves

•Ville de Richmond Hill

Municipalité de Thames Centre

Comté d'Elgin

2.   Nomme deux réserves en Ontario.

_____

3.   *Fais des recherches sur ta communauté. Dans quelle municipalité habites-tu?*

_____

B. **Remplis les blancs pour expliquer les rôles du gouvernement de l'Ontario et des gouvernements municipaux. Ensuite, indique quel gouvernement est responsable de chaque service.**

> rues   maire   provinciaux   régionaux   police
> premier ministre   santé publique

Le gouvernement provincial de l'Ontario

- s'occupe des besoins _____ comme l'éducation, la _____ , la culture, les resssource naturelles, le tourisme, le transport et les relations indigènes

- le/la chef du gouvernement : le _____ / la première ministre de l'Ontario

Le gouvernement municipal

- s'occupe des besoins _____ comme la _____ , les parcs, les _____ et les routes, le transport public et l'utilisation des terres municipales

- le/la chef du gouvernement : le _____ / la mairesse

Le gouvernement responsable :

de l'éducation

Le gouvernement

_____

de la santé publique

Le gouvernement

_____

du transport

Le gouvernement

_____

Les réserves ont un conseil de bande. Un conseil de bande représente un groupe indigène et est présidé par un chef élu ou héréditaire. Les bandes peuvent se réunir pour former un plus grand groupe régional appelé conseil tribal. Ce conseil gouverne sa propre réserve.

Les terres municipales

Il y a différents types d'utilisations des terres dans une ville. L'utilisation des terres dépend des besoins communautaires.

A. Lis le texte. Écris les deux municipalités sur la carte. Ensuite, complète le tableau et réponds à la question.

Le canton de Pickle Lake se situe au nord-ouest de Thunder Bay et est une des communautés les plus au nord de l'Ontario. Avec seulement plus de 400 habitants, Pickle Lake est un canton isolé accessible par la route 599. Ce canton est entouré de lacs et de forêts. Il y a des mines d'or et de cuivre à Pickle Lake. À Pickle Lake, des activités amusantes sont la pêche et l'observation des animaux comme les orignaux, les caribous et les ours noirs.

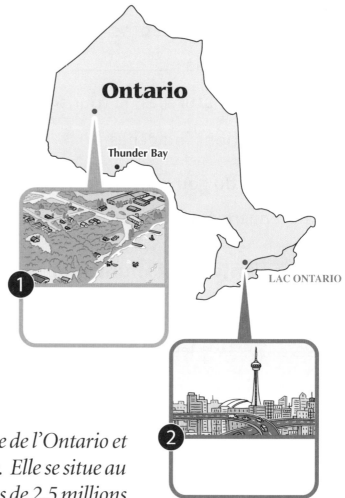

La ville de Toronto est la capitale de l'Ontario et la ville la plus peuplée de la province. Elle se situe au nord-ouest du lac Ontario. Avec plus de 2,5 millions d'habitants, Toronto a une grande zone commerciale au centre-ville qui abrite beaucoup de sociétés. La Toronto Transit Commission (TTC) est responsable du transport en commun, avec les services d'autobus, de tramway et de métro. Il y a aussi beaucoup d'autoroutes traversant la ville. À Toronto, on profite de plusieurs activités intérieures et extérieures telles que l'escalade intérieure, le cyclisme et la randonnée.

3.

Utilisation des terres	Canton de Pickle Lake (un peu/beaucoup/aucune)	Ville de Toronto
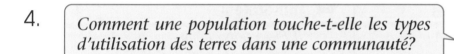 Résidentielle		
Commerciale		
Minière		
Récréative		
De transport		

4.

> *Comment une population touche-t-elle les types d'utilisation des terres dans une communauté?*

_____

_____

B. **Différents types de communautés ont différents types de maisons. Dessine le type de maison convenable à chaque endroit.**

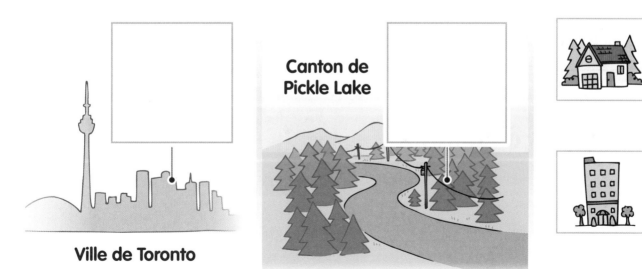

Ville de Toronto

Canton de Pickle Lake

Les emplois municipaux

Différentes communautés offrent différents types d'emplois. Ces emplois dépendent des caractéristiques de chaque communauté.

A. **Lis le journal. Identifie les différents types d'emplois. Ensuite, écris les lettres.**

EMPLOIS

A **Agent/Agente des services aux contribuables**

Il/Elle travaille pour l'Agence du revenu du Canada et répond aux demandes d'impôt des entreprises.

B **Enseignant/Enseignante de français langue seconde**

Il/Elle apprend le français aux élèves du primaire.

C **Gardien/Gardienne de parc**

Il/Elle protège les ressources naturelles, culturelles et historiques du parc.

D **Spécialiste en ressources minérales**

Il/Elle réalise le programme de développement des minéraux et la gestion des ressources.

E **Urbaniste**

Il/Elle travaille attentivement avec le conseil municipal pour planifier et mettre en œuvre des plans urbains.

F **Géologue minier/minière**

Il/Elle effectue la cartographie souterraine pour identifier les localisations des minéraux.

Les types d'emplois

Éducation : _____

Gouvernement : _____

Industrie minière : _____

Industrie des loisirs : _____

B. Lis (A) encore une fois. Ensuite, réponds aux questions.

1. Quels emplois dépendent des ressources naturelles?

   _____

2. Dans quel endroit offre-t-on chaque emploi? Pourquoi?

   L'emploi B

   près de **Pickle Lake / Toronto**

   parce que _____

   _____

   L'emploi D

   près de **Pickle Lake / Toronto** parce que _____

   _____

C. Regarde encore la carte dans (B). Ensuite, suggère trois endroits pour chaque personne.

Je voudrais être conseillère financière. Où pourrais-je trouver cet emploi?

J'adore la vie sauvage. Où pourrais-je trouver plus de possibilités d'emploi spécialisé en nature?

_____   _____

_____   _____

_____   _____

Sciences

Les plantes

- Différentes parties d'une plante fonctionnent ensemble pour la garder en bonne santé.
- Différents types de plantes ont des parties qui jouent le même rôle mais qui ne se ressemblent pas.
- Un arbre peut être un conifère ou un feuillu.

A. Écris la bonne partie de la plante sur la ligne.

la tige   la fleur   les racines   les feuilles

C'est 1._____
Elle est sucrée, pas acide
Faisant des graines pour de nouvelles plantes
C'est le pouvoir de la fleur

C'est 3._____
C'est ce qui les tient ensemble
La nourriture de haut en bas
De bout en bout

Ce sont 2._____
La verdure qui respire
La nourriture pour la plante
De bout en bout

Ce sont 4._____
Comme des bottes spongieuses
Elles absorbent de l'eau et de la nourriture
Pour en envoyer vers la tige

B. Nomme les parties de la plante.

tige
feuille
racine
fleur

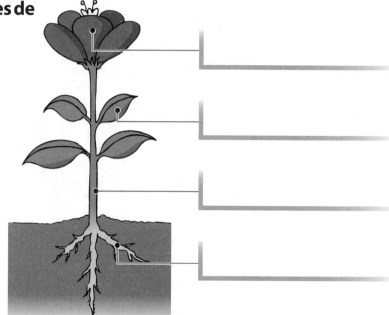

C. Démêle les mots pour identifier les parties d'un arbre. Ensuite, trace une ligne pour associer le mot à chaque partie.

1. **é**rocec   é_____ •

2. rotcn   t_____ •

3. eufillse   f_____ •

4. inrecas   r_____ •

5. ra**b**nehcs   b_____ •

D. Associe chaque description à la bonne catégorie d'arbre. Écris la lettre.

Arbre feuillu

Arbre conifère

Ⓐ la plupart ont des feuilles qui changent de couleurs en automne

Ⓑ souvent, ils ont leurs feuilles en forme d'aiguille

Ⓒ les arbres à feuilles caduques appartiennent à ce groupe

Ⓓ la plupart ont des feuilles persistantes

Ⓔ des graines peuvent se trouver dans les cônes

Ⓕ ils ont de grandes feuilles plates

Un fait scientifique

Les arbres sont les plus grandes plantes. Bien qu'il y en ait quelques-uns qui ne sont jamais plus grands que toi, il y en a d'autres qui sont plus hauts qu'un bâtiment de 15 étages!

Les feuilles et les fleurs

- Bien que les feuilles aient différentes formes et tailles, elles ont toutes la même fonction.
- Chaque partie d'une fleur joue un rôle différent.

A. **Dessine la partie manquante de chaque feuille. Ensuite, associe la feuille au nom de la plante. Écris la lettre.**

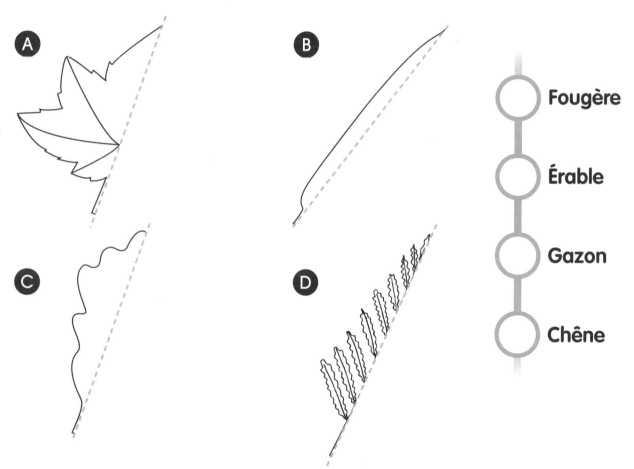

A

B

C

D

○ Fougère

○ Érable

○ Gazon

○ Chêne

B. **Associe les descriptions aux plantes ci-dessus. Écris les noms des plantes sur les lignes.**

1. Ces feuilles longues et étroites poussent vers l'extérieur en toute saison. _____

2. Les feuilles de ces plantes se déplient en spiral lorsqu'elles apparaissent au début. _____

C. **Utilise les indices et les mots donnés pour compléter les noms des parties de la fleur. Ensuite, réponds aux questions.**

sépale   pistil   pétale   étamine   ovaire

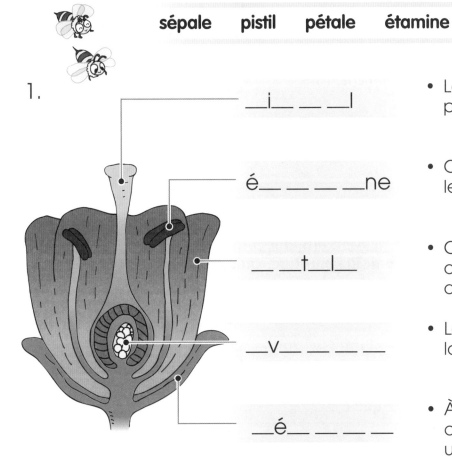

1.

__i__ __ __l
- Le pollen atteint l'ovaire par cette tige.

é__ __ __ __ne
- C'est la partie qui produit le pollen.

__ __t__l__
- Comme une feuille colorée, cela protège la fleur et attire les pollinisateurs.

__v__ __ __ __
- Les graines se forment ici si la pollinisation se produit.

__é__ __ __ __
- À la base de la fleur, il couvre la fleur quand il est un petit bourgeon.

2.

Quelle partie de la fleur est à la base du pistil et est l'endroit où se forment les graines?

_____

3.

Quelle partie de la fleur est habituellement verte et protège les bourgeons?

_____

Un fait scientifique

Certaines plantes ont des feuilles spéciales qui ressemblent aux fleurs. Les vraies fleurs du cornouiller et du poinsettia sont à peine visibles dans leurs imposteurs colorés.

poinsettia

Les besoins des plantes

- Les plantes ont besoins d'air, de lumière et d'eau pour vivre et rester en bonne santé.
- Les plantes ont adapté des manières d'obtenir ce dont elles ont besoin dans leurs environnements.

A. **Les enfants parlent des besoins des plantes. Démêle les lettres pour trouver les réponses.**

1.

   Ceci rentre dans et sort de la plante par les parties spécialisées d'une feuille. Sans lui, les feuilles ne peuvent pas utiliser de la lumière pour créer de la nourriture. Qu'est-ce que c'est?

   r i a

   _____

2.

   Ceci pénètre les plantes à travers leurs racines sous la terre. Ceci aide à transférer des nutriments vers chaque partie d'une plante. Qu'est-ce que c'est?

   a u e

   _____

3.

   Ceci vient du soleil. Les feuilles l'utilisent pour créer de la nourriture. Qu'est-ce que c'est?

   u l è r i m e

   _____

Une expérience

Couvrir complètement la feuille d'une plante avec une feuille de papier noir. Mettre du ruban adhésif pour la garder fermée. Après quelques jours, regarder dessous le papier.

Quelle est l'apparence de la feuille? Parmi les trois choses dont a besoin une plante, laquelle n'est pas arrivée à la feuille de la plante?

B. Écris les bons mots pour compléter les phrases. Ensuite, montre la région où apparaît chaque plante. Écris la lettre.

1.

Ⓐ

Un cactus a de minces _____ qui retiennent
de l'eau et une tige _____ qui stocke de
feuilles/fleurs

mince/épaisse

l'eau. Grâce à cela, les cactus n'ont pas besoin
d'une source d'eau régulière.

2.

Ⓑ

Les néréocystes ont des ampoules remplies d'air qui
les laissent _____ à la surface de l'océan.
flotter/marcher

C'est de cette manière que les feuilles reçoivent
de _____ .
l'eau/la lumière du soleil

3.

Ⓒ

Ces plantes poussent en touffe près _____ .
du sol/des arbres

C'est de cette manière qu'elles se protègent du
froid et du vent.

4.

Ⓓ

Les trilliums poussent, fleurissent et meurent
en l'espace de quelques semaines au début
du printemps, juste avant qu'émergent les
_____ des arbres qui couvrent le sol de la
racines/feuilles

forêt.

régions montagneuses	régions désertiques	régions aquatiques	régions boisées
◯	◯	◯	◯

Un fait scientifique

Les plantes peuvent « bouger ». Les feuilles d'une plante
d'intérieur bougent pour faire face à la fenêtre, et les tournesols
suivent le mouvement quotidien du soleil.

Les plantes : la pollinisation

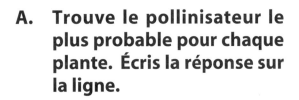

- *Quand le pollen de l'étamine d'une plante atteint le pistil d'une autre, la pollinisation se produit.* La plante pollinisée peut maintenant produire des graines capables de se transformer en nouvelles plantes.

- *Les animaux et le vent sont les pollinisateurs de certaines plantes.*

A. Trouve le pollinisateur le plus probable pour chaque plante. Écris la réponse sur la ligne.

colibri   vent   papillon de nuit

abeille   papillon

1. Parce que ce pollinisateur travaille le soir, les fleurs blanches qui sont les plus visibles le soir sont leurs fleurs préférées.

   _____

2. Ce pollinisateur aime les grappes de fleurs de couleur vive de cette plante.

   _____

3. Ce pollinisateur est attiré par les fleurs de citrouille qui sont jaunes comme lui-même.

   _____

4. La soie de maïs est légèrement collante lors de la pollinisation. Ceci rend la tâche d'attraper le pollen plus facile.

   _____

5. La pollinisateur du fuchsia doit atteindre le nectar à travers la fleur longue et étroite.

   _____

B. **Remplis les blancs avec les mots donnés. Ensuite, trouve les exemples de fleurs pour chaque genre de pollinisation.**

les animaux   le vent
petites   couleurs

La pollinisation par les animaux :

- Les fleurs pollinisées par _____ ont toujours des _____ vives, une odeur forte et du nectar doux.

- Exemples : _____

La pollinisation par le vent :

- Les fleurs pollinisées par _____ sont toujours _____ et moins colorées.

- Exemples : _____

C. **Trouve le bon mot pour chaque description.**

étamine   pistil   pollen   odeur   nectar   graine

1. _____ – petites graines faites par l'étamine

2. _____ – partie de la fleur qui fait du pollen

3. _____ – partie de la fleur qui reçoit du pollen

4. _____ – ce qui se développe quand la pollinisation se produit

5. _____ – ce qui attire les animaux vers les fleurs

6. _____ – boisson satisfaisante pour les animaux pollinisateurs

Un fait scientifique

La pollinisation n'est pas seulement bonne pour les fleurs. Le miel est extrait du nectar rassemblé par les abeilles lorsqu'elles pollinisent des fleurs.

La dispersion des graines

La dispersion des graines.

- Les graines se dispersent pour ne pas pousser toutes dans le même espace. Ceci s'appelle la dispersion des graines.
- Les plantes ont développé différentes manières de disperser leurs graines.

A. Associe les graines aux méthodes de dispersion. Écris les lettres.

A Comme des parachutes, elles sont transportées par une brise.

B Mangées par les animaux, elles sont finalement déposées très loin.

C Les graines sont expulsées de leurs cosses.

D Flottant vers un nouveau rivage, elles sont transportées par les marées de l'océan.

E Elles font du stop sur un animal duveteux en portant un soulier pelucheux.

F Avec leurs ailes, elles tournent vers le sol.

G Roulant comme une roue, ses graines voyagent loin.

B. **Mets les phrases dans l'ordre pour montrer comment les graines sont dispersées. Écris de 1 à 3. Ensuite, indique quelle méthode chaque plante utilise pour disperser ses graines.**

1

dispersion par

_____

○ Une baie mûre tombe dans l'eau, flottant vers sa nouvelle maison.

○ Le niveau d'eau monte autour d'un buisson de canneberge mûrissante.

○ L'eau s'éloigne, la graine de baie germe et un nouveau buisson de canneberge pousse.

2

dispersion par

_____

○ Les poils doux sur les graines permettent au vent de les transporter ailleurs.

○ L'épilobe à feuilles étroites d'un jeune plant pousse loin de ses plantes parentales.

○ Les cosses de l'épilobe à feuilles étroites s'ouvrent pour libérer de petites graines.

3

dispersion par

_____

○ Un gland tombe d'un chêne durant en automne.

○ Un nouveau chêne pousse au printemps.

○ Un écureuil en garde quelques-uns à l'intérieur de ses joues, mais en échappe toujours un ou deux le long de son chemin.

 Un fait scientifique

Les grosses graines dépendent souvent de la gravité pour la dispersion. Elles peuvent s'éloigner de leurs plantes parentales en roulant jusqu'en bas des pentes et des versants.

Les plantes : les cycles de vie

- Toutes les plantes ont des cycles semblables de croissance et de reproduction.
- Certaines plantes peuvent vivre pendant des centaines d'années, d'autres complètent leur cycle de vie en l'espace d'une année.

A. **Dessine les images en l'espace d'une année pour compléter le cycle de vie d'une citrouille à l'aide des images à gauche.**

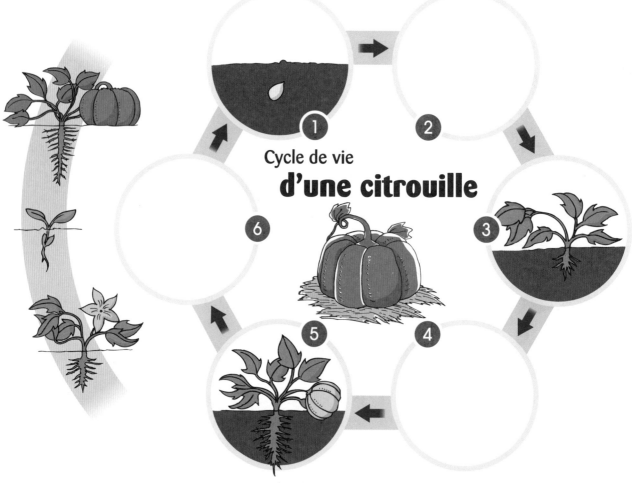

Cycle de vie **d'une citrouille**

B. **Mets dans l'ordre le cycle de vie d'une fleur. Écris les lettres.**

Cycle de vie d'une fleur

C. **Remplis les blancs avec les bons mots pour compléter la comparaison du cycle de vie.**

Cycles de vie de 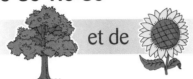 et de

mois	années
l'érable	feuilles
fleurs	le tournesol

1. Cela prend plusieurs _____ à un érable pour venir à maturité et produire des graines. Un tournesol complète son cycle de vie en quelques _____ .

2. L'érable et le tournesol poussent plusieurs _____ avant que leurs _____ et leurs graines se forment.

3. L'érable et le tournesol commencent sous forme de petites graines, mais _____ devient beaucoup plus grand que _____ .

D. **Trace des lignes pour associer les exemples aux types de plantes correspondant.**

Plante annuelle •

• Une plante de citrouilles pousse et meurt en l'espace d'une année.

Plante bisannuelle •

• Beaucoup de plantes, y compris les arbres, peuvent vivre pendant plusieurs années.

Plante vivace •

• Le persil et la digitale sont des exemples de plantes qui vivent pendant deux ans.

Un fait scientifique

Les oliviers poussent lentement mais peuvent vivre très longtemps. Quelques-uns ne donnent aucun fruit jusqu'à atteindre 30 ans ou plus, mais ils peuvent produire des olives pour des centaines d'années.

L'utilisation des plantes

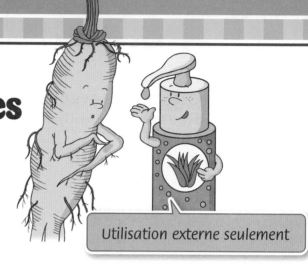

Utilisation externe seulement

- *Nous utilisons des plantes pour beaucoup de choses différentes telles que les médicaments, les meubles et les vêtements.*

- *La façon dont nous utilisons des plantes spécifiques ou leurs parties dépend de leurs caractéristiques.*

A. **Encercle les mots qui décrivent les caractéristiques des plantes. Ensuite, associe les plantes à leurs objets fabriqués. Écris les lettres.**

1. Le bois dur du chêne rend le plancher durable. _____

2. La corde est faite de fibres solides du sisal. _____

3. Le jus sucré de la canne à sucre nous donne du sucre pour le thé et pour la cuisine. _____

4. Le bois doux et léger du pin est un matériel idéal pour construire. _____

5. La tige du palmier à rotin est flexible et solide, ce qui la rend idéale pour fabriquer des paniers. _____

6. Les poils doux et fins des cotonniers sont utilisés pour fabriquer des vêtements. _____

7. La substance flexible qui coule de l'hévéa nous permet de produire du caoutchouc pour des pneus de bicyclette. _____

B. Remplis les blancs avec les lettres manquantes pour associer chaque partie du pin au produit qu'il permet de fabriquer.

aiguilles   écorce   tronc   sève

1 pour l'odeur

a__ __ __ __ __ l __ __ __ __

2 pour la fabrication du cuir

__ __ __ r __ __

3 pour la fabrication des allumettes

__ r __ __ c

4 pour nettoyer les pinceaux

__ __ __ e

C. Lis ce que dit Lucy. Ensuite, démêle le mot pour voir le matériau utilisé pour fabriquer ces objets.

Bien que ces produits soient tous faits à bas de différentes plantes, ils proviennent tous de la même partie d'une plante. Qu'est-ce que c'est?

a i r n e g

_____

 **Un fait scientifique**

Les plantes sont plus qu'utiles pour nous; tous les êtres vivants, y compris les humains, ne peuvent pas vivre sans elles. Elles nous donnent de l'oxygène pour respirer et sont la base de toutes nos sources de nourriture.

8

Les plantes en voie de disparition ou les plantes invasives

- Quand de nouvelles plantes prennent le contrôle d'un terrain, elles peuvent devenir invasives parce qu'elles rendent la survie des plantes autochtones plus difficile.
- Les plantes en voie de disparition sont celles qui ont besoin de protection afin de survivre.

A. Trouve les raisons de la perte d'habitats des plantes. Coche ✔ les bonnes lettres.

A. voitures qui conduisent hors route

B. fertiliser des champs

C. cueillette intensive des fleurs

D. piétiner des plantes

E. pulvériser des pesticides

F. arroser des plantes

G. planter des jeunes arbres dans un nouveau champ

H. préparer des terres pour la nouvelle récolte

I. nouvelles espèces qui prennent le contrôle du champ

J. libérer des terres pour permettre aux animaux de paître

K. raser un terrain pour des maisons, des centres d'achats ou d'autres bâtiments

B. **Écris « invasives » ou « voie de disparition » pour compléter les titres. Ensuite, colorie les fleurs comme indiqué.**

Plantes en v_____

— jaune
— rose
— bleu

Coréopsis rose

Lupin des prairies

Plantes i_____

pourpre
— jaune

Salicaire pourpre

Genêt à balais

C. **Remplis les blancs avec les mots donnés pour compléter le texte.**

disparaître   en voie de disparition
invasives   habitats   protégées   originaires

Chaque fois qu'une forêt ou un pré est dégagé(e) à cause du développement des activités humaines, certaines plantes perdent leurs 1._____ . Si une plante est rare ou son habitat est spécial, elle peut 2._____ . Il y a beaucoup de plantes 3._____ au Canada. Certaines sont 4._____ selon la loi et plusieurs groupes de préservation essayent de les sauver de l'extinction. Ils enlèvent les plantes 5._____ et font pousser plus de plantes 6._____ à leurs places.

Un fait scientifique

Beaucoup de plantes invasives sont très belles et sont parfois utiles aux humains. Le genêt à balais est admiré lorsqu'il est en fleur, pendant que les ronces d'Arménie sont des gâteries sucrées à la fin de l'été.

Ronces d'Arménie

9

Les forêts tropicales

- Les forêts tropicales sont l'habitat de beaucoup de plantes et d'animaux. Elles ont des pluies fortes et des températures chaudes ou douces.

- Presque toutes les forêts tropicales se trouvent dans des régions autour de l'équateur. Ce sont des forêts équatoriales.

A. **Regarde les plantes trouvées dans les couches différentes d'une forêt tropicale. Associe chaque description à la bonne plante et à la bonne couche. Écris la lettre et le nom de chaque couche.**

1. Cet arbre est un des seuls qui perce la canopée. Il reçoit de la lumière du soleil et a de l'espace pour étendre ses feuilles.

_____ ; _____

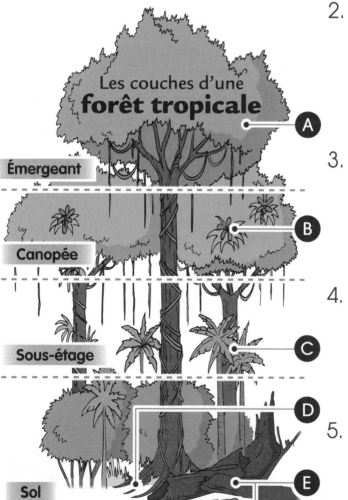

Les couches d'une **forêt tropicale**

Émergeant

Canopée

Sous-étage

Sol

2. Les grands arbres envoient leurs racines principales vers le bas pour plus d'appui.

_____ ; _____

3. Le bois mort et les feuilles mortes nourrissent le sol qui alimente la forêt.

_____ ; _____

4. Une orchidée pousse sur une branche pour recevoir de la lumière du soleil.

_____ ; _____

5. Le palmier est un arbre qui pousse à l'ombre, sous la canopée.

_____ ; _____

B. **Remplis les blancs avec les mots donnés pour compléter le texte.**

> canopée   oiseaux   pluie   graines   plantes grimpantes   couche
> animaux   sous-étage   sol de la forêt   plantes   dense   fruits

Canopée de la forêt tropicale

Une variété incroyable d'1._____ et de

2._____ vivent dans les forêts tropicales. Plusieurs

animaux se trouvent dans la 3._____ , profitant des

4._____ , des 5._____ et du soleil lorsqu'il

brille. Les 6._____ peuvent facilement voler

d'une cime à l'autre, mais cette 7._____ est assez

8._____ pour que les animaux incapables de

voler n'aient aucune difficulté à s'y déplacer. Comme

un seau qui fuit, la canopée prend presque tous les jours

la 9._____ jusqu'au 10._____ et au

11._____ . Elle couvre aussi les plantes en bas,

ce qui rend des 12._____ et de petits arbres

incapables de recevoir de la lumière.

Un fait scientifique

La Canada est la maison d'une forêt tropicale tempérée.
Elle s'étire le long du climat doux de la côte ouest de
la Colombie-Britannique.

10

La force : la poussée ou la traction

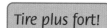
Tire plus fort!

- Une force est une poussée ou une traction qu'une chose exerce sur une autre.
- Il y a deux types de forces : la poussée et la traction d'objets en contact, et celles qui travaillent à distance.

A. **Identifie la (les) force(s) dans chaque image. Écris « poussée », « traction » ou « poussée et traction » sur la ligne.**

1.

_____

2.

_____

3.

_____

4.

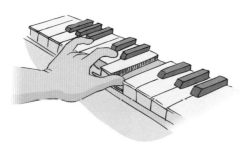

_____

5.

_____

B. Remplis les blancs avec « g », « v », « t » ou « r » pour compléter les noms de force dans chaque image.

1.

2.

3.

élec____ ____ici____é

____ra____ité   s____a____ique   ma____né____isme

C. Identifie le type de force dans chaque image.

Types de forces
- **contact direct** ou **contact à distance**
- **poussée** ou **traction**

1. _____ ; _____

2. _____ ; _____

3. _____ ; _____

4. _____ ; _____

Un fait scientifique

Lorsque tu es debout, tu exerces une force vers le bas sur le plancher. En même temps, le plancher exerce la même force vers le haut sur toi.

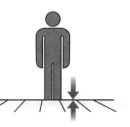

11

Les forces et les mouvements

- Les forces s'exerçant sur un objet immobile sont de même taille mais de sens contraires. Elles sont équilibrées.
- Les forces déséquilibrées s'exerçant sur un objet entraînent soit un mouvement, soit un changement de mouvement de cet objet.

A.   Dessine une flèche dans chaque image pour équilibrer la force.

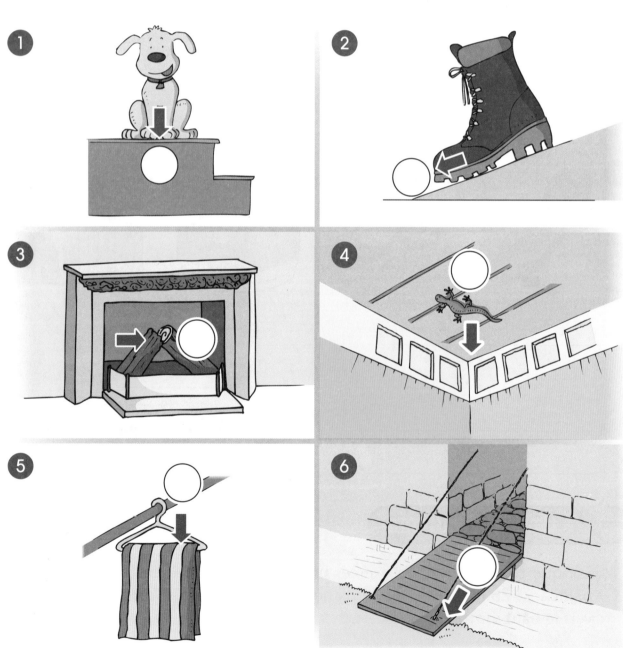

B. Mets les images dans l'ordre. Écris de 1 à 3. Ensuite, colorie l'image qui montre les forces déséquilibrées.

1.

2.

3.

Un fait scientifique

La marche est une chute contrôlée. Tout en restant debout, tu es en équilibre. Lorsque tu soulèves un pied et pousses l'autre, tu es en déséquilibre. L'équilibre est restauré lorsque tu mets à nouveau le pied par terre. Tu t'es déplacé(e) vers l'avant.

La gravité

- La gravité est une force de traction s'exerçant sur les choses.
- Plus l'objet est lourd ou grand, plus la force de gravité est puissante.

Qui m'a frappé?

C'était la « gravité ».

A. **Dessine une flèche si l'image montre la gravité en action, sinon écris « pas de gravité » sur la ligne.**

1.

_____

2.

_____

3.

_____

4.

_____

5.

_____

B. **Regarde les planètes. Mets-les dans l'ordre selon leur force de gravité, de la plus forte à la moins forte. Écris leurs noms sur les lignes. Ensuite, réponds aux questions.**

1.

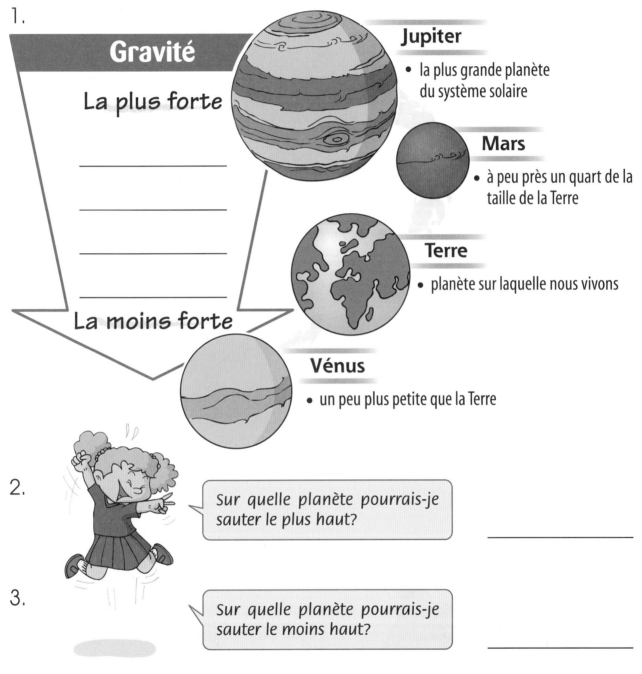

Gravité

La plus forte

_____

_____

_____

_____

La moins forte

Jupiter
• la plus grande planète du système solaire

Mars
• à peu près un quart de la taille de la Terre

Terre
• planète sur laquelle nous vivons

Vénus
• un peu plus petite que la Terre

2. Sur quelle planète pourrais-je sauter le plus haut?

_____

3. Sur quelle planète pourrais-je sauter le moins haut?

_____

Un fait scientifique

Pour fonctionner proprement, un stylo à bille a besoin de la force de gravité. Dans l'espace ou à la station spatiale, il ne fonctionnerait pas.

13

La friction

Plus de friction

- La friction est une force produite lorsque deux objets frottent l'un contre l'autre. Sa direction s'oppose à celle du mouvement.
- Parfois, la friction est bonne pour notre vie, mais parfois elle ne l'est pas. Parfois, on peut changer même de quantité de friction.

C'est facile de conduire sur une route boueuse quand tu as des pneus aux rainures profondes.

A. **Décris la quantité de friction dans chaque image. Écris le mot en gras sur la ligne.**

FRICTION – une grande force de friction   **friction** – une petite force de friction

1.

_____

2.

_____

3.

_____

4.

_____

B. Aide les éditeurs d'un journal à répondre aux lettres concernant les problèmes de friction. Remplis les blancs avec les bons mots.

1

Madame, Monsieur,

Je sais que c'est mieux d'utiliser du détergent écologique et un chiffon doux pour nettoyer ma voiture, mais parfois je ne peux pas me débarrasser de toute la saleté. Qu'est-ce qu'il me faut faire?

Merci,

Jean-Pierre Gauthier

Utiliser une éponge _____
    rugueuse/douce

pour _____ la friction.
    augmenter/réduire

2

Madame, Monsieur,

Qu'est-ce qu'il me faut faire pour augmenter la friction nécessaire pour me brosser les dents?

Merci,

Sofie Tremblay

Utiliser une brosse à dents à poils _____ .
    souples/durs

3

Madame, Monsieur,

La chaîne de mon vélo est vieille. C'est la raison, je crois, qu'il y a du mal à pédaler. Avez-vous des conseils?

Merci,

François Leblanc

Utiliser _____ pour
    du lubrifiant/de l'eau

_____ la friction.
    augmenter/réduire

4

Madame, Monsieur,

Il y a de nouveaux planchers en bois polis dans notre maison. Cependant, nous n'arrêtons pas de glisser dessus quand nous portons des chaussettes. Qu'est-ce qu'il nous faut faire?

Merci,

Anne Dubois

Porter _____
    de plus grandes chaussettes/des pantoufles

pour _____ la friction.
    augmenter/réduire

Un fait scientifique

Ce n'est pas parce que la glace est assez glissante pour que tu puisses patiner si vite. Quand tu glisses sur la glace, la chaleur des lames de tes patins frottant la glace fait fondre la glace dessous. En fait, tu glisses sur l'eau qui réduit la friction et rend donc facile la glisse.

14

Les aimants

- Un aimant est un morceau de métal qui a une force spéciale : le magnétisme.
- Le magnétisme est une force qui peut pousser ou tirer d'autres objets qui sont magnétiques.

A. **Quels objets sont magnétiques? Trace des lignes pour associer les objets magnétiques à l'aimant en fer à cheval.**

B. Lis ce que dit la souris. Démêle les lettres pour trouver quels matériaux ne sont pas magnétiques.

> Les métaux ne sont pas tous magnétiques. Le fer, ou le métal composé principalement de fer, est toujours magnétique.

1

_____
r e v r e

2

_____
i f c h f n o

3

_____
s o i b

4

_____
l s t i a q p u e

C. Où les aimants sont-ils utilisés? Encercle-les dans chaque image.

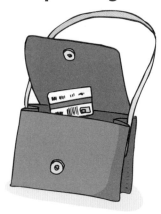

Une expérience – Transformer une aiguille en aimant!

- Frotter le bout d'un aimant le long d'une aiguille environ 30 fois. Frotter dans un seul sens – ne pas le frotter dans deux sens.

- Vérifier l'« aimant » en ramassant des épingles.

Matériel :

- un aimant
- une aiguille
- des épingles

 **Un fait scientifique**

Tu peux ramasser la poussière dans l'espace à l'aide d'un aimant. Puisque de minuscules particules météoriques contiennent du fer, un aimant pourra les ramasser.

15

Les pôles magnétiques

- Chaque aimant a un pôle sud et un pôle nord.
- Comme un aimant, la Terre a également un pôle sud et un pôle nord. Grâce à eux, une boussole magnétique peut nous aider à indiquer le nord.

A. **Regarde les images. Ensuite, remplis les blancs avec les mots donnés.**

sud   nord   repousse   attire

1. Un aimant a un pôle _____ et un pôle _____ .

2. Le pôle nord d'un aimant _____ le pôle sud d'un autre aimant.

3. Le pôle nord d'un aimant _____ le pôle nord d'un autre aimant.

B. **Écris « N » pour le pôle nord et « S » pour le pôle sud dans les cercles pour compléter les diagrammes.**

Les aimants s'attirent

Les aimants se repoussent

C. Remplis les blancs pour compléter ce que dit le Dr Cowan. Ensuite, complète chaque diagramme pour montrer comment un triangle est formé avec trois bandes magnétiques.

N – le pôle nord
S – le pôle sud

1 Un triangle est formé de trois bandes magnétiques mises ensemble côte à côte, mais elles doivent être mises ensemble pour que les pôles _____ .

s'attirent/se repoussent

2

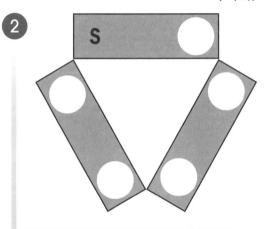

3

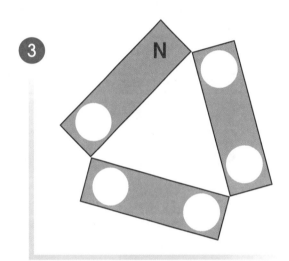

D. Pour chaque boussole, écris « N » dans la bonne partie bleue pour indiquer le nord.

1.

2.

3.

Un fait scientifique

Les aimants qui se repoussent sont utilisés pour attirer des montagnes russes au début du trajet. Au lieu de démarrer lentement et d'accélérer progressivement, l'amusement débute tout de suite.

16

La stabilité

- Les structures stables sont celles qui ont moins de possibilité de tomber, de se retourner ou de se briser lorsque des forces raisonnables sont appuyées dessus.

- Il y a plusieurs manières de s'assurer qu'une structure est plus stable.

A.   Résous les situations instables. Coche ✔ les bonnes réponses.

1

2

Ⓐ Ajouter un autre pied à la table.

Ⓑ Enlever un pied de la table.

3

Ⓐ Utiliser des roues stabilisatrices.

Ⓑ Utiliser de plus gros pneus.

4

Ⓐ Mettre un plus gros livre dessus.

Ⓑ Ranger les livres plus soigneusement.

Ⓐ Utiliser une échelle plus longue.

Ⓑ Éloigner les pieds de l'échelle du mur.

B. Ces personnages des contes de fées ont des problèmes de stabilité. Aide-les à encercler les bons mots pour résoudre leurs problèmes.

1.

> Chaque fois que je grimpe à cette mince tige de haricot, je crois qu'elle va se briser et tomber, alors je ne peux pas y grimper trop haut.

Solution :

Grimper à une tige de haricot

plus épaisse / rugueuse .

2.

Les Trois Petits Cochons

> J'ai perdu mes deux frères. Comment puis-je construire une maison pour empêcher le loup d'y rentrer?

Solution :

Construire une maison à l'aide de matériaux

plus épais / plus solides .

3.

Les Trois Boucs Bourrus

> Ces boucs courent sur mon pont. J'ai peur qu'ils soient trop lourds et que le pont s'effondre.

Solution :

Utiliser des poutres / bâtons pour supporter le pont.

Essaye-le!

> Utilise un jeu de cartes pour construire un château de cartes.

Un fait scientifique

Grâce à leur forme d'arc, les coquilles d'œufs ne sont pas écrasées facilement quand on les presse. L'arc est une structure si forte qu'on utilise pour construire des ponts depuis des années.

17

Les leviers

C'est ouvert.

- Les leviers sont des machines simples qui peuvent soit *augmenter* soit *diminuer* le mouvement et la force.
- Le point où le levier pivote ou se retourne s'appelle le point d'appui.

A. Colorie les outils qui sont des leviers.

1.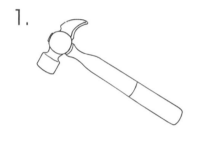

2.

3.

4.

5.

6.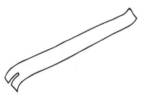

7.

B. Encercle le point d'appui de chaque levier.

 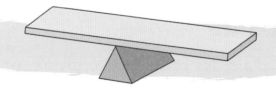 

C. Lis ce que dit Daniel. Aide-le à faire l'expérience. Ensuite, utilise les mots donnés pour compléter le rapport.

> Tu as besoin d'un balai et d'un espace ouvert pour faire cette expérience. Cette expérience te montrera ce qui arrive quand le point d'appui d'un levier change de position.

facile   petite   plus facile   plus difficile   plus grande   plus petite

Rapport

Scénario 1

Tenir à deux mains le manche à balai. Balayer et ne pas bouger le point d'appui.

point d'appui

- _____ à balayer
- longueur du manche à balai :

  _____

Scénario 2

Glisser la main inférieure vers le haut du manche à balai pour qu'elle soit plus près d'une autre main. Balayer en faisant attention au changement de force nécessaire pour bouger le balai.

- _____ à balayer
- longueur du manche à balai :

  _____

Scénario 3

Glisser la main inférieure le plus bas possible sur le manche à balai. Balayer en faisant attention au changement de force.

- _____ à balayer
- longueur du manche à balai :

  _____

Un fait scientifique

Le levier est la plus vieille machine simple. Les anciens Égyptiens utilisaient le chadouf vers 3000 av. J.-C. Le contrepoids les aidait à puiser de l'eau de la rivière plus facilement.

18

Plus sur les leviers

charge

effort

point d'appui

- Un levier a trois parties : le point d'appui (ou pivot), l'effort (force s'exerçant sur le levier) et la charge (force de la machine).
- Le changement d'ordre du point d'appui, de l'effort et de la charge a pour résultat différentes machines avec différentes tâches.

A. Nomme chaque levier avec « point d'appui », « effort » et « charge ».

B. **Regarde les images. Remplis les blancs avec les bons mots pour compléter ce que dit Tom.**

1.

> Une pelle est un exemple de _____ (levier/vis).

2.

> Un levier est une machine simple qui rend le travail plus _____ (difficile/facile).

3.

Plus la charge est loin du point d'appui, plus il est _____ (difficile/facile) de déplacer la charge.

4.

Quand nous utilisons des ciseaux, le petit mouvement des doigts entraîne un _____ (plus grand/plus petit) mouvement des lames.

Ils utilisent tous des **leviers!**

Qu'est-ce qu'un piano, un stylo à plume et une pompe à bras ont en commun?

Les sols

Bonjour M. Sol!

- Le sol est la couche supérieure qui couvre la majorité de la surface de la Terre.
- Le sol est un mélange de roches brisées, d'humus (bouts de plantes mortes et déchets animaux), d'air et d'eau.

A. **Colorie en marron le sol dans l'image.**

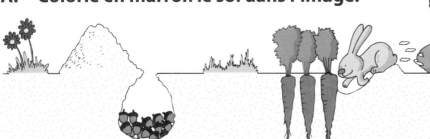

B. **Regarde comment les roches sont brisées par la nature dans chaque image. Écris les lettres manquantes pour trouver la source naturelle de ce processus.**

 **A**

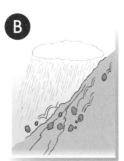 **B**

 **C**

 **D**

 **E**

F

A __ague__

B p__ __i__

C p__an__ __s

D v__ __t

E r__v__ __r__

F gl__cie__

C. **L'humus est composé de plusieurs choses. Identifie-les. Écris les lettres.**

A quelque chose qu'un lapin a laissé

B cadeaux tombés de l'arbre

C êtres vivants

D quelque chose qu'un oiseau a laissé tomber

E fruit tombé

F ce qui reste d'un arbre

Un fait scientifique

Comme l'érosion des roches se passe très lentement, cela prend des milliers d'années pour former un centimètre de sol.

20

Plus sur les sols

- On classifie les sols selon la taille de leurs particules rocheuses.
- Chaque type de sols a différentes textures.
- Différents types de sols se trouvent dans différents endroits.

A. Remplis les blancs pour compléter les noms des types de sols.

terreau argile
limon sable

Types de sols

- __ r __ __ __ __ : les plus petites particules rocheuse

- __ __ m __ __ : ses particules rocheuses de taille moyenne entre l'argile et le sable

- s __ __ __ e : les plus grandes particules rocheuse

- __ __ r __ __ __ __ : qui se compose d'argile, de limon et de sol sableux

B. Regarde ce que les enfants sentent après avoir touché les sols dans la boîte. Écris sur les lignes des noms des types de sols donnés dans (A).

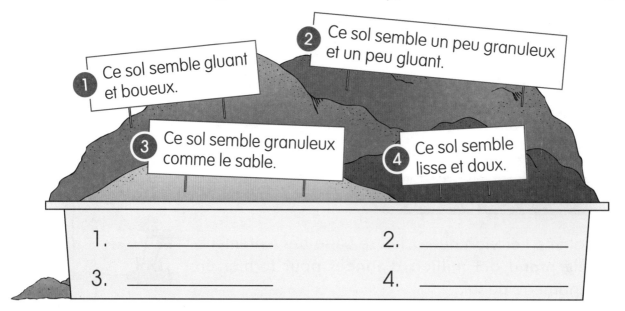

1. Ce sol semble gluant et boueux.

2. Ce sol semble un peu granuleux et un peu gluant.

3. Ce sol semble granuleux comme le sable.

4. Ce sol semble lisse et doux.

1. _____

2. _____

3. _____

4. _____

C. Regarde quels types de sols que décrivent les enfants et le cochon. Écris les noms de sols sur les lignes.

argile   limon   sable   terreau

1.  Les particules rocheuses de ce sol sont petites. Il n'y a pas assez de place pour l'air.

_____

2.  Ce sol stocke assez d'air et d'eau pour rendre heureuses beaucoup de plantes.

_____

3.  Grâce à son humus abondant, ce sol est utilisé par des pépinières.

_____

4. a. L'eau s'écoule facilement de ce sol.

_____

 b. Ce sol absorbe bien l'eau.

_____

c. Quand ce sol est sec, il repousse l'eau.

_____

d. Ce sol se trouve parfois près des plages.

_____

Un fait scientifique

On sait que l'air et l'eau sont présents dans les sols, mais ils ne sont que de petits ingrédients. L'air et l'eau font partie de la plupart de sols.

21

L'érosion des sols

- Les sols se perdent quand le vent les souffle et que la pluie et les rivières les emportent. Les sols de montagne seront progressivement perdus à cause de la gravité s'il n'y a pas d'arbres qui retiennent les sols. C'est une érosion des sols.
- On peut empêcher cette érosion.

A. **Remplis les blancs avec les mots donnés. Ensuite, trace des lignes pour associer les phrases aux bonnes images.**

pluies   vagues   vent

Causes de l'érosion des sols

Le sol peut être emporté par de fortes _____ .

Le sol peut être soufflé par un _____ puissant.

Le sol peut se perdre dans l'eau à cause de _____ .

B. **Associe les méthodes de prévention de l'érosion aux bonnes images. Écris les lettres.**

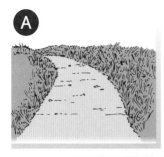 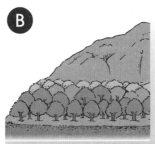 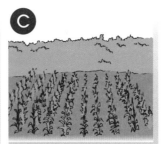 

A   B   C   D

Méthodes de prévention de l'érosion :

1. La plantation en étages empêche la perte des sols par la gravité. _____

2. Les haies empêchent l'érosion des sols par le vent. _____

3. Le couvert végétal protège et retient les sols grâce à ses racines. _____

4. La replantation des sentiers boisés empêche la perte des sols en montagne. _____

Une expérience

Matériels :

- un échantillon de sol
- un moule à gâteau
- de l'eau

1. Mettre de côté le sol sur le moule à gâteau pour qu'il ressemble à une petite plage.

2. Verser lentement de l'eau de l'autre côté du moule à gâteau jusqu'à ce que l'eau touche le sol.

3. Secouer doucement le moule à gâteau pour que l'eau frappe le sol comme des vagues.

Qu'arrive-t-il au sol?

Un fait scientifique

Quand on marche sur le sol à plusieurs reprises, il se compacte. Aucune plante ne pousse parce que peu d'air reste dans le sol et que le sol ne peut pas absorber de l'eau. Sans plantes, une érosion se produira.

22

Les vers de terre

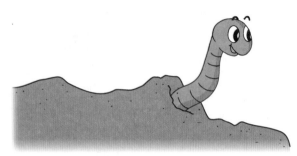

L'importance des vers de terre pour le sol :
- *Ils mélangent des couches du sol et laissent des tunnels dans le sol pour l'air et l'eau.*
- *Ils décomposent des feuilles mortes et des déchets animaux laissant des substances nutritives pour que les plantes puissent bien pousser.*

A. Regarde l'image qui montre la vie d'un ver de terre. Complète les cases avec les mots donnés.

habitat   prédateur   nourriture   tunnel   turricules

1.

2.

3.

4.

5.

B. Associe les mots aux définitions. Écris les lettres.

1. annélide _____

2. nocturne _____

3. omnivore _____

4. décomposeur _____

5. turricules _____

A qui mange à la fois des plantes et des animaux ou leurs déchets

B qui décompose des choses en plus petits morceaux

C déchets des vers de terre

D actif pendant la nuit

E un type d'animal composé d'anneaux

C. Regarde l'image. Remplis les blancs avec les mots donnés pour compléter la chaîne alimentaire.

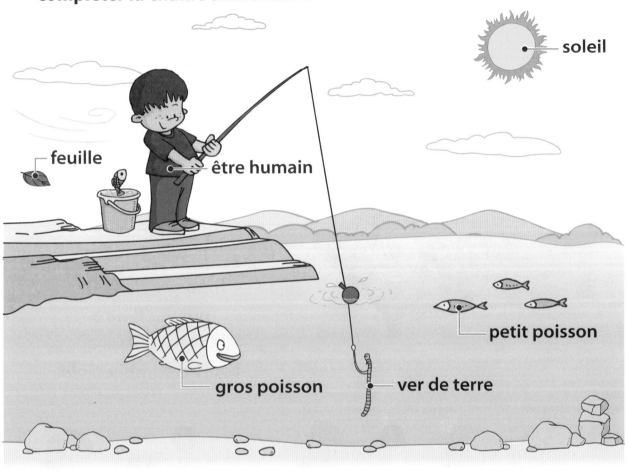

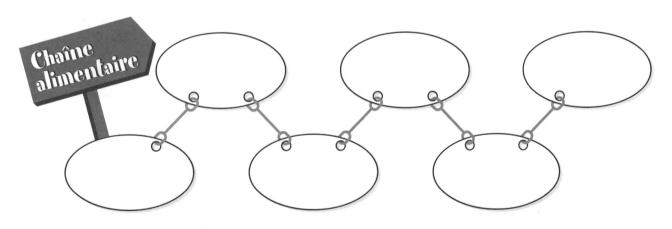

Chaîne alimentaire

Un fait scientifique

Les némertes sont des vers marins qui peuvent grandir jusqu'à 30 m.

23

L'utilisation des sols

On aime l'argile.

- Les personnes utilisent les sols pour beaucoup de choses différentes.
- Les sols abritent beaucoup d'animaux.

A. Les gens ont besoin de sols pour différentes choses. Remplis les blancs avec les mots donnés pour les associer aux images.

champ
porcelaine
masque de boue
pot de fleurs
brique d'argile
tourbe combustible

1

_____

2

_____

3

_____

4

_____

5

_____

6

_____

B. **Quels animaux vivent-ils dans les sols? Complète les mots croisés à l'aide des images et des mots donnés.**

marmotte   mite   mille-pattes   cigale   escargot   cloporte

fourmi   scarabée   centipède   nématode   sauterelle   perce-oreille

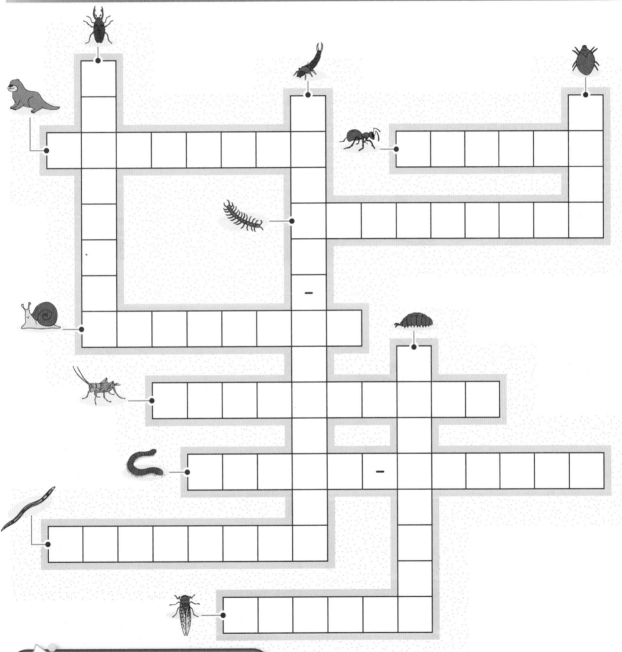

![Un fait scientifique]

Nous pouvons apprendre la vie antique à l'aide de la découverte de poteries enterrées. Par exemple, des morceaux d'argile qui datent de plusieurs milliers d'années.

Le compostage

- Le compostage est un processus de décomposition des plantes et des matières animales. Naturellement, il a lieu dans les sols de chaque forêt.
- Nous pouvons faire du compostage dans les jardins à l'aide des outils de jardinage.

Compostage en cours

A. **Lis la recette de compostage. Ensuite, barre ✗ les objets qu'il ne faut pas mettre dans le bac de compostage.**

- **Objets du jardin**

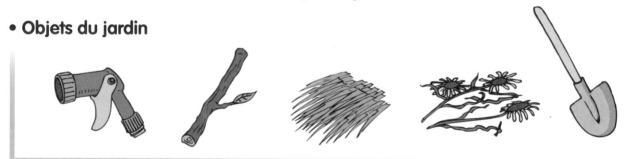

- **Objets de la cuisine**

- **Objets divers**

Recette de compostage

- **matières biologiques***
- **air**
- **eau**
- **micro-organismes****

* Utiliser les matières biologiques qui étaient des organismes vivants et qui se dégradent facilement, telles que les feuilles et les trognons de pommes.

** Les micro-organismes s'ajoutent au compostage. Ils sont nécessaires.

B.   Écris« vrai » ou « faux » pour chaque phrase.

1.   Le compostage a besoin d'air pour se décomposer. _____

2.   Un compost peut devenir très chaud au milieu. _____

3.   Un tas de compost devrait être gardé au sec. _____

4.   Les micro-organismes sont responsables de la décomposition. _____

5.

> N'ajoute pas de viande et de produits laitiers dans le compostage car ils attirent les rongeurs.

_____

C.   Écris le message codé à propos du compostage sur les lignes.

Le com ✉ age est **1** très bonne manière

de re 🚲 r des objets biologiques.

_____

_____

> Ajoute du compost à un potager ou à un jardin de fleurs, ou mets-en sous un arbre.

Un fait scientifique

Ceux qui n'ont pas de jardin peuvent quand même faire du compostage. Les vers rouges gardés dans un bac sont contents de recevoir les déchets de la cuisine. Cela est appelé le vermicompostage.

Réponses

1 Les nombres de 1 à 100

1. 37 ; 39 ; 40 ; 41 ; 43
2. 71 ; 72 ; 74 ; 75 ; 76
3. 89 ; 90 ; 91 ; 94 ; 95
4. 57 ; 59 ; 60 ; 61 ; 62
5. 49   6. 92   7. 70
8. 18, 39, 58, 63   9. 30, 44, 53, 81
10. 14, 16, 46, 64   11. quarante-cinq
12. soixante-deux   13. quatre-vingt-dix-huit
14. 26   15. 45   16. 91
17. 80   18. 64   19. 38
20. 72   21. 53
22-25. (Réponses suggérées)
22. 66   23. 29   24. 10
25. 44
26.

75 70 65 60 55 50 45 40 35 30

27.

100 90 80 70 60 50 40 30 20 10

28.

88 86 84 82 80 78 76 74 72 70

29. 72 ; 66 ; 64 ; 60 ; 58
30. 80 ; 75 ; 65 ; 60 ; 55
31. 90 ; 80 ; 50 ; 40 ; 20
32. 34, 32, 30, 28 ; 2 ; 34
33. 60, 55, 50, 45 ; 5 ; 60
34. ; 35. ;
     50   60   80   90
     50   90
36. ; 37. ;
     60   70   10   20
     70   20
38. 84   39. 45 ; 54

2 L'addition et la soustraction des nombres à 2 chiffres

1. 53   2. 81   3. 81
4. 93   5. 87   6. 53
7. 80
8. 79 ;
$$\begin{array}{r} 50 \\ +\ 30 \\ \hline 80 \end{array}$$
9. 82 ;
$$\begin{array}{r} 20 \\ +\ 60 \\ \hline 80 \end{array}$$
10. 68 ;
$$\begin{array}{r} 10 \\ +\ 60 \\ \hline 70 \end{array}$$
11. 38 ;
$$\begin{array}{r} 10 \\ +\ 30 \\ \hline 40 \end{array}$$

12. A : 52   B : 23   C : 13
     D : 18   E : 35   F : 28
     G : 37   H : 6   I : 25
     J : 18
13. D et J   14. A
15. B
16. 35 ;
$$\begin{array}{r} 70 \\ -\ 40 \\ \hline 30 \end{array}$$
17. 27 ;
$$\begin{array}{r} 70 \\ -\ 40 \\ \hline 30 \end{array}$$
18. ✗ ; 49 ; 83
19. ✔ ;
$$\begin{array}{r} 45 \\ +\ 15 \\ \hline 60 \end{array}$$
20. 74 ;
$$\begin{array}{r} 16 \\ +\ 74 \\ \hline 90 \end{array}$$
21. 35 ;
$$\begin{array}{r} 24 \\ +\ 35 \\ \hline 59 \end{array}$$
22. 17 ;
$$\begin{array}{r} 16 \\ +\ 17 \\ \hline 33 \end{array}$$
23. 18 ;
$$\begin{array}{r} 66 \\ +\ 18 \\ \hline 84 \end{array}$$
24. a. 48 + 48 ; 96 ; 96
     b. 86 − 48 ; 38 ; 38
25. a. 42 − 36 ; 6 ; 6
     b. 36 + 42 ; 78 ; 78
26. a. 62 + 5 ; 67 ; 67
     b. 75 − 62 ; 13 ; 13

3 Les nombres jusqu'à 1000

1. 3 ; 5 ; 8 ; 358   2. 5 ; 4 ; 3 ; 543
3. 2 ; 9 ; 0 ; 290
4. A : 657   B : 524   C : 976
     D : 3 ; 7 ; 5   E : 5 centaines 8 dizaines 1 unité
5. 524, 581   6. 524, 581
7. 652, 625, 256   8. 887, 878, 788
9. 940, 904, 490   10. 423 ; 437 ; 449
11. 795 ; 821 ; 834
12. LUN : 645   MAR : 503   MER : 296
13. lundi   14. 300
15. 500
16. ; 2
     488 490 492 494 496 498 500 502
17. ; 100
     200 300 400 500 600 700 800 900
18. 25 ; 550, 575, 600, 625, 650
19. 10 ; 750, 760, 770, 780, 790
20. 5 ; 715, 720, 725, 730, 735
21. 999 ; 100
22. 399, 400, 401, 402, 403

23. (Réponse suggérée)
389, 390, 391, 392, 393
24. 6 ; 459, 495, 549, 594, 945, 954

4 L'addition et la soustraction des nombres à 3 chiffres (1)

1. 339
2. 699
3. 495
4. 767
5. 568
6. 168
7. 836
8. 496
9. 398
10. 829
11. A : 448   B : 388
    C : 388   D : 497
    Réponses plus grandes que 450 : D
    Réponses plus petites que 450 : A, B, C
12.
```
  ①
  3 2 7
+ 4 5 9
  7 8 6
```
13.
```
  ①
  4 3 6
+ 1 2 7
  5 6 3
```
14.
```
  ① ①
      8 5
  + 5 1 6
    6 0 1
```
15.
```
  ① ①
  6 5 2
+ 1 4 9
  8 0 1
```
16.
```
  ① ①
  5 8 4
+ 2 6 6
  8 5 0
```
17.
```
  ① ①
  2 9 8
+ 2 9 8
  5 9 6
```
18. 446
19. 639
20. 822
21. 801
22. 494
23. 876
24. A : 537   B : 231   C : 490
    D : 555   E : 602   F : 251
    G : 318
    555 = D   251 = F
    231 = B   318 = G
25. 241
26. 421
27. 211
28. 309
29. 274
30. 338
31. 175
32. 221
33. 147
34. 249
35. A : 397   B : 236
    C : 142   D : 421
    D, A, B, C
36. a.
```
  245
+ 173
  418
```
; 418
   b.
```
  245
- 173
   72
```
; 72
37. a.
```
  318
-  57
  261
```
; 261
   b.
```
  318
+ 261
  579
```
; 579
38. a.
```
  362
- 287
   75
```
; 75
   b.
```
  362
+ 287
  649
```
; 649

5 L'addition et la soustraction des nombres à 3 chiffres (2)

1. 507
2. 750
3. 229
4. 585
5. 253
6. 907
7. 773
8. 123
9. 362 ;
```
  162
+ 362
  524
```
10. 46 ;
```
  154
+  46
  200
```
11. 232 ;
```
  173
+ 232
  405
```
12. 53 ;
```
  318
+  53
  371
```
13. 613 ;
```
  400
+ 200
  600
```
14. 798 ;
```
  700
+ 100
  800
```
15. 644 ;
```
  800
- 200
  600
```
16. 258 ;
```
  600
- 300
  300
```
17.
```
  319  ;  319
+ 254   - 254
  573      65
```
18.
```
  608  ;  608
+  73   -  73
  681     535
```
19.
```
  462  ;  462
+ 353   - 353
  815     109
```
20.
```
  224  ;  537
+ 537   - 224
  761     313
```
21.
```
  176  ;  413
+ 413   - 176
  589     237
```
22.
```
  821  ;  821
+ 117   - 117
  938     704
```
23. a. 321 b. 237
24. a. 503 b. 276
25. a. 413 b. 165
26. a. 735 b. 188
27. A : 240   B : 590   C : 181
    B
28. A : 307   B : 601   C : 237
    C
29. 218 + 174 ; 392 ; 392
30. 182 + 203 ; 385 ; 385
31. 182 − 79 ; 103 ; 103
32. 203 − 174 ; 29 ; 29
33. 154 − 68 ; 86 ; 86

6 La longueur et la distance

1. m
2. km
3. cm
4. m
5. km
6. cm
7. m
8. cm
9. km
10. m
11. cm

12. (Estimations individuelles)
   A : 11 cm
   B : un peu plus courte que 10 cm
   C : un peu plus longue que 7 cm
   D : un peu plus longue que 9 cm

13. 5 cm ; Dessine un crayon qui mesure environ 7 cm de long.

14. A : 3 cm ; B : 5 cm ; Dessine un arbre qui est un peu plus petit que 5 cm de haut.

15. A : 11 cm   B : 9 cm   C : 11 cm

16. a. 65   b. 65   c. 50

17a. et 18a.

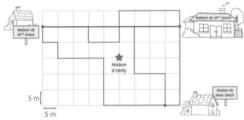

17. b. 45   18. b. 30
19. Mme Saura ou Mme Smith

Triangle : 12 cm

6. (Dessins suggérés)

7.

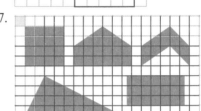

8. (Estimations individuelles)
   Carré : 16   Pentagone : 18
   Hexagone : 10   Triangle : 20
   Rectangle : 18

9. le triangle

10. 8

11. (Dessins suggérés)

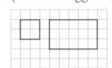

12. 48 ; 12   13. petit
14.   ; 24

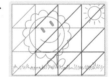

7 Le périmètre et l'aire

1.

2.

3.

4. A : 12 cm   B : 14 cm   C : 10 cm
   D : 12 cm   E : 16 cm   F : 20 cm

5. (Estimations individuelles)
   Carré : 16 cm   Hexagone : 22 cm
   Rectangle : 22 cm   Pentagone : 15 cm

8 L'heure et la température

1. 05   2. 6   3. 20
4. A : 10 h 25 ; dix
   B : 5 h 55 ; cinq heures cinquante-cinq
   C : 2 h 35 ; deux heures trente-cinq
   D : 12 h 10 ; douze heures dix
   E : 11 h 50 ; onze heures cinquante

5. B ; A ; F ; D ; C ; E

6.

⑤ Regarder un film
17 h 54 (soir)
dix-sept heures cinquante-quatre

① Rendre visite à grand-mère
8 h 13 (matin)
huit heures treize

② Me faire couper les cheveux
10 h 27 (matin)
dix heures vingt-sept

③ Dîner avec Pierre
12 h 03 (après-midi)
douze heures trois

④ Aller à la bibliothèque
15 h 32 (après-midi)
quinze heures trente-deux

7. 39 ;
$$\begin{array}{r} 53 \\ -\ 14 \\ \hline 39 \end{array}$$

8. 13 ;
$$\begin{array}{r} 21 \\ -\ 8 \\ \hline 13 \end{array}$$

9. 12 ;
$$\begin{array}{r} 39 \\ -\ 27 \\ \hline 12 \end{array}$$

10. Sally

11. a.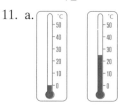
    b. B ; A

12. a.
    b. B ; A

13.  ; A

9 L'argent

1.

2.

3.

4.

5. (Estimations individuelles)
   Jason : 9 ; 6
   Élaine : 8 dollars 69 cents
   Kevin : 7 dollars 50 cents

Sally : 5 dollars 50 cents
Bruce : 9 dollars

6. Jason   7. Sally
8. 4 ; 81 ; 4,81
9. 8 dollars 52 cents ; 8,52 $
10. 6 dollars 85 cents ; 6,85 $
11. 45 ; 2 ; 45 ; 2,45   12. 400 ; 4 ; 8 ; 4,08
13. 5 $ 2 $
    25 ¢ 25 ¢ 5 ¢ 1 ¢ 1 ¢ 1 ¢

14. 5 $ 2 $ 2 $
    25 ¢ 10 ¢ 1 ¢ 1 ¢ 1 ¢

15. 5 $ 2 $ 1 $ 25 ¢ 25 ¢
    10 ¢ 10 ¢ 1 ¢ 1 ¢ 1 ¢ 1 ¢

16. 5 $ 2 $ 2 $
    10 ¢ 5 ¢ 1 ¢

17. 5 $ 1 $
    25 ¢ 25 ¢ 25 ¢ 10 ¢ 5 ¢ 1 ¢ 1 ¢ 1 ¢

10 L'addition et la soustraction de l'argent

1. $$\begin{array}{r} 3\ \ 21 \\ +\ 2\ \ 38 \\ \hline 5\ \ 59 \end{array}$$

2. $$\begin{array}{r} 2\ \ 38 \\ +\ 3\ \ 27 \\ \hline 5\ \ 65 \end{array}$$

3. $$\begin{array}{r} 3\ \ 21 \\ +\ 4\ \ 49 \\ \hline 7\ \ 70 \end{array}$$

4. $$\begin{array}{r} 3\ \ 27 \\ +\ 4\ \ 49 \\ \hline 7\ \ 76 \end{array}$$

5. $$\begin{array}{r} 2\ \ 38 \\ +\ 4\ \ 49 \\ \hline 6\ \ 87 \end{array}$$

6. $$\begin{array}{r} 3\ \ 21 \\ +\ 3\ \ 27 \\ \hline 6\ \ 48 \end{array}$$

7. C et D

8. 3,25 ;
$$\begin{array}{r} 3\ \ 25 \\ -\ 3\ \ 21 \\ \hline 04 \end{array}$$;
0,04

9. 4,30 ;
$$\begin{array}{r} 4\ \ 30 \\ -\ 3\ \ 27 \\ \hline 1\ \ 03 \end{array}$$;
1,03

10. 3,45 ;
$$\begin{array}{r} 3\ \ 45 \\ -\ 2\ \ 38 \\ \hline 1\ \ 07 \end{array}$$;
1,07

11. 6 ;
$$\begin{array}{r} 5\ \ 100 \\ -\ 4\ \ 49 \\ \hline 1\ \ 51 \end{array}$$;
1,51

12. **Supermarché R & A**

Casse-tête	4,89 $
Craquelins	3,19 $
Total	8,08 $
ESPÈCES	10,00 $
MONNAIE	1,92 $

13. **Supermarché R & A**

Détergent	1,88 $
Pain	2,16 $
Total	4,04 $
ESPÈCES	4,25 $
MONNAIE	0,21 $

14. **Supermarché R & A**

Craquelins	3,19 $
Pain	2,16 $
Total	5,35 $
ESPÈCES	6,00 $
MONNAIE	0,65 $

15. **Supermarché R & A**

Détergent	1,88 $
Détergent	1,88 $
Total	3,76 $
ESPÈCES	5,00 $
MONNAIE	1,24 $

16. **Supermarché R & A**

Pain	2,16 $
Casse-tête	4,89 $
Total	7,05 $
ESPÈCES	7,25 $
MONNAIE	0,20 $

17. **Supermarché R & A**

Craquelins	3,19 $
Détergent	1,88 $
Total	5,07 $
ESPÈCES	10,00 $
MONNAIE	4,93 $

18. 1,23 ;

$$\begin{array}{r} 4\ 100 \\ -\ 3\ \ 77 \\ \hline 1\ \ 23 \end{array}$$

19. 2,17 ;

$$\begin{array}{r} 6\ 42 \\ -\ 4\ 25 \\ \hline 2\ 17 \end{array}$$

20. 7,32 ;

$$\begin{array}{r} 3\ 66 \\ +\ 3\ 66 \\ \hline 7\ 32 \end{array}$$

21. 8,91 ;

$$\begin{array}{r} 5\ 27 \\ +\ 3\ 64 \\ \hline 8\ 91 \end{array}$$

22. 4,77 + 4,77 = 9,54 ;
Non, il lui faut 4 ¢ de plus.

11 La capacité et la masse

1. environ 1 L : C, F
moins de 1 L : B, D, E, G
plus de 1 L : A, H, I
2. I   3. E
4.   5.
6.
7. plus de 200 L   8. environ 100 L
9. moins de 1 L

10. A : trois quarts
B : trois quarts de litre
C : un quart de litre
D : une moitié de litre
11. un quart ; 4   12. 50 L ; 25
13. Farine : 3 kg
Citrouille : 5 kg
Roche : 8 kg
Grenouille : 6 kg
Melon d'eau : 5 kg
Soldat de plomb : 4 kg
14. citrouille ; melon d'eau
15. 2
16.

17. A : trois quarts
B : un quart de kilogramme
C : une moitié de kilogramme
D : trois quarts de kilogramme
18. a. 4   b. 8   c. 2
19. a. 5   b. plus   c. 8

12 La multiplication (1)

1.
3 + 3 + 3 ; 7 ; 7 ; 21

2.
4 + 4 + 4 + 4 + 4 ; 6 ; 4 ; 6 ; 4 ; 24

3.
5 + 5 + 5 + 5 + 5 ; 6 ; 5 ; 6 ; 5 ; 30

4. 4 ; 4 ; 4 ; 28   5. 5 ; 5 ; 5 ; 45
6. 5 ; 5 ; 5 ; 25   7. 8 ; 8 ; 8 ; 16

8. 4 ; 6 ; 24   9. 6 ; 3 ; 18
10. 5 ; 4 ; 20   11. 2 ; 8 ; 16
12.

3 6 9 12 15 18 21 24 27

13.

4 8 12 16 20 24 28 32 36

14.

7 14 21 28 35 42 49 56 63

15. 6 ; 12 ; 18 ; 24 ; 30 ; 36 ; 42 ; 48 ; 54
16. 2 ; 4 ; 6 ; 8 ; 10 ; 12 ; 14 ; 16 ; 18
17. 5 ; 10 ; 15 ; 20 ; 25 ; 30 ; 35 ; 40 ; 45

18.

X	1	2	3	4	5	6	7
1	1	2	3	4	5	6	7
2	2	4	6	8	10	12	14
3	3	6	9	12	15	18	21
4	4	8	12	16	20	24	28
5	5	10	15	20	25	30	35
6	6	12	18	24	30	36	42
7	7	14	21	28	35	42	49

19. 24   20. 15   21. 14
22. 36   23. 20   24. 42
25. 24

13 La multiplication (2)

1. 27   2. 32   3. 30
4. 42   5. 14   6. 25
7. 24   8. 15   9. 24
10. 28   11. 45   12. 36
13. 48   14. 35   15. 8
16. 7   17. 3   18. 7
19. 24 ;
$$\begin{array}{r} 4 \\ \times\ 6 \\ \hline 24 \end{array}$$
20. 18 ;
$$\begin{array}{r} 6 \\ \times\ 3 \\ \hline 18 \end{array}$$
21. 28 ;
$$\begin{array}{r} 7 \\ \times\ 4 \\ \hline 28 \end{array}$$
22. 6 porte-clés ;
$$\begin{array}{r} 7 \\ \times\ 5 \\ \hline 35 \end{array}$$; $$\begin{array}{r} 6 \\ \times\ 6 \\ \hline 36 \end{array}$$
23. a.
$$\begin{array}{r} 4 \\ \times\ 4 \\ \hline 16 \end{array}$$; 16
b.
$$\begin{array}{r} 7 \\ \times\ 4 \\ \hline 28 \end{array}$$; 28
24. a.
$$\begin{array}{r} 6 \\ \times\ 3 \\ \hline 18 \end{array}$$; 18
b.
$$\begin{array}{r} 5 \\ \times\ 6 \\ \hline 30 \end{array}$$; 30

25. a.
$$\begin{array}{r} 6 \\ \times\ 5 \\ \hline 30 \end{array}$$; 30
b.
$$\begin{array}{r} 2 \\ \times\ 7 \\ \hline 14 \end{array}$$; 14

26. Tina : 28 ; 8 ; 36
    Eva : 10 ; 16 ; 26
    Susan : 35 ; 5 ; 40
27. Susan   28. Eva
29. Non   30. 18

14 La division (1)

1.

; 15 ; 5

2.

; 21 ; 3

3.

; 20 ; 4

4.

; 7

5.

; 2

6.

; 3

7.

; 6

8. 6 ;

9. 7 ;

10. 5 ;

11. 3 ;

12. a. 15   b. 3   c. 5
13. a. 24   b. 3   c. 6
14. A

15 La division (2)

1. 5 ; 5   2. 3 ; 3   3. 4 ; 4

4. 6 ;
$$3 \overline{)18}$$
$$\underline{18}$$

5. 4 ;
$$5 \overline{)20}$$
$$\underline{20}$$

6.
$$5 \overline{)30}$$ $$= 6$$
$$\underline{30}$$

7.
$$8 \overline{)24}$$ $$= 3$$
$$\underline{24}$$

8.
$$2 \overline{)16}$$ $$= 8$$
$$\underline{16}$$

9.
$$7 \overline{)42}$$ $$= 6$$
$$\underline{42}$$

10. 5   11. 5   12. 4
13. 3   14. 3   15. 7
16. 5   17. 7   18. 5

19. 9 ;
$$3 \overline{)27}$$ $$= 9$$
$$\underline{27}$$

20. 8 ;
$$2 \overline{)16}$$ $$= 8$$
$$\underline{16}$$

21. 6 ;
$$5 \overline{)30}$$ $$= 6$$
$$\underline{30}$$

22.
$$4 \overline{)15}$$ $$= 3 \text{ R } 3$$
$$\underline{12}$$
$$3$$

23.
$$3 \overline{)20}$$ $$= 6 \text{ R } 2$$
$$\underline{18}$$
$$2$$

24.
$$7 \overline{)18}$$ $$= 2 \text{ R } 4$$
$$\underline{14}$$
$$4$$

25. 2R1   26. 3R1
27. 4R2   28. 4R2
29. 25 ; 7 ; 3R4 ; 3 ; 4   30. 26 ; 3 ; 8R2 ; 8 ; 2

16 La multiplication et la division

1. 18   2. 36
3. 35   4. 16

5.
$$8 \overline{)40}$$ $$= 5$$
$$\underline{40}$$

6.
$$5 \overline{)41}$$ $$= 8 \text{ R } 1$$
$$\underline{40}$$
$$1$$

7.
$$6 \overline{)24}$$ $$= 4$$
$$\underline{24}$$

8.
$$4 \overline{)36}$$ $$= 9$$
$$\underline{36}$$

9.
$$7 \overline{)42}$$ $$= 6$$
$$\underline{42}$$

10.
$$3 \overline{)20}$$ $$= 6 \text{ R } 2$$
$$\underline{18}$$
$$2$$

11. 8   12. 36   13. 3R3
14. 4   15. 15   16. 48
17. 27   18. 8

19-22. (Réponses suggérées)

19. 3 ; 6 ; 18 ;   20. 2 ; 8 ; 16 ;
    18 ; 3 ; 6   16 ; 2 ; 8
21. 4 ; 7 ; 28 ;   22. 5 ; 4 ; 20 ;
    28 ; 4 ; 7   20 ; 5 ; 4

23-26. (Réponses suggérées)

23. $3 \times 5 = 15$ 24. $4 \times 6 = 24$
    $15 \div 3 = 5$ $24 \div 4 = 6$
25. $3 \times 9 = 27$ 26. $4 \times 7 = 28$
    $27 \div 3 = 9$ $28 \div 4 = 7$
27. B ; 28 ; 28   28. A ; 4 ; 4
29. C ; 48 ; 48   30. D ; 8 ; 8

31. 32 ;
$$\begin{array}{r} 4 \\ \times\ 8 \\ \hline 32 \end{array}$$

32. 4 ;
$$7 \overline{)28}$$ $$= 4$$
$$\underline{28}$$

33. 9 ;
$$3 \overline{)27}$$ $$= 9$$
$$\underline{27}$$

34. 7×5 ; 35 ; 35
35. $49 \div 5$; 9R4 ; 10

17 Les fractions

1. ;

2. ;

huitièmes   sixièmes

3.  ; dixièmes ; dixièmes

4. cinq
5. trois septièmes
6. un quart
7. cinq seizièmes
8. cinq dixièmes
9. quatre neuvièmes
10. deux cinquièmes
11. trois quarts
12. cinq sixièmes
13. quatre neuvièmes

14.  ; huitièmes

15.  ; Deux ; sixièmes

16.  ; Quatre ; cinquièmes

17.  ; Deux ; tiers

18.  ; trois cinquièmes

19.  ; deux quarts

20.  ; deux tiers

21. 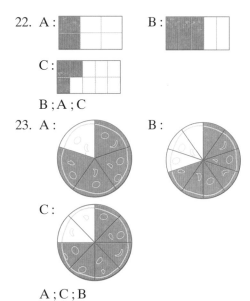 ; cinq sixièmes

22. A : 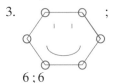   B :
C :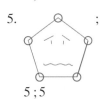
B ; A ; C

23. A :   B :
C :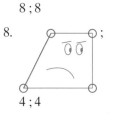
A ; C ; B

18 Les figures en 2D (1)

1. Colorie les figures : A, C, D, E, F, G, H.
   A : triangle   C : pentagone   D : hexagone
   E : rectangle   F : heptagone   G : pentagone
   H : octagone
2. Irrégulier : A, C, E
   Régulier : D, F, G, H

3. ;   4. ;
6 ; 6   4 ; 4

5. ;   6. ;
5 ; 5   8 ; 8

7. ;   8. ;
4 ; 4   4 ; 4

9. ✘ ; 5
10. ✘ ; carré/losange
11. ✔
12. ✔
13. Coche les images : B, E, F.

14.
15.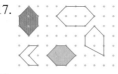

16.
17.

18.
19.

20. Carré :
longueur de côté supérieure à 2 cm : A, D
longueur de côté inférieure à 2 cm : I
Pentagone :
longueur de côté supérieure à 2 cm : F
longueur de côté inférieure à 2 cm : E
Hexagone :
longueur de côté supérieure à 2 cm : C
longueur de côté inférieure à 2 cm : B, G, H

19 Les figures en 2D (2)

1.

2.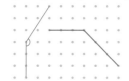

3-6. (Dessins suggérés)
   3. plus grand qu'un angle droit

4. un angle droit

5. plus petit qu'un angle droit

6. plus grand qu'un angle droit

7.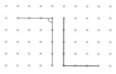
8.

9.
10.

11.

12. 4 ; 4 ; est
13. 2 ; 4 ; 2 ; est
14.
15.
16. ✔
17. ✔

18.

19.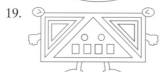

20.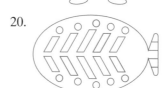

20 Les figures en 3D (1)

1. A :   B :   C :

   D :   E :   F :

   A : triangle ; prisme triangulaire
   B : rectangle ; prisme rectangulaire
   C : pentagone ; prisme pentagonal
   D : hexagone ; prisme hexagonal
   E : carré ; prisme carré
   F : pentagone ; prisme pentagonal

2.

   rectangle ;
   pyramide rectangulaire

3.

   triangle ;
   pyramide triangulaire

4.

   hexagone ;
   pyramide hexagonale

5.

   pentagone ;
   pyramide pentagonale

6.

   carré ;
   pyramide carrée

7.

   hexagone ;
   pyramide hexagonale

8. A : ; B : ;

   6 ; 12 ; 8   4 ; 6 ; 4

C : ; D : ;

   6 ; 10 ; 6   7 ; 12 ; 7

E : ; F : 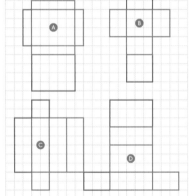 ;

   5 ; 9 ; 6   8 ; 18 ; 12

9. B ; A, C, D, E, F   10. B, C, E ; A, D, F
11. B ; A, C, D, E, F
12. prisme hexagonal   13. pyramide pentagonale
14. prisme rectangulaire
15. pyramide triangulaire
16. D   17. C
18. A, C

21 Les figures en 3D (2)

1. Colorie les développements : A, C, D, G.
2. 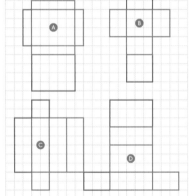 ;

   C ; D ; B ; A

3. A :

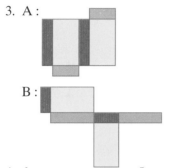

B :

4. 6   5. rectangle
6. 3
7. rectangle ; triangle
8. hexagone ; rectangle
9. pentagone ; triangle
10. rectangle ; carré
11.

pyramide rectangulaire ; 4 ; 1

12.

prisme rectangulaire ; 6

13.

prisme hexagonal ; 2 ; 6

14. A, C   15. A, B

22 Les positions des figures et des objets

1. 5   2. 4   3. 5
4. 3   5. 4 ; 3   6. 2 ; 5
7-9.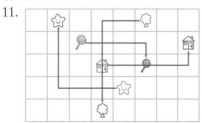

10. 1
11.

12-15. (Dessins et réponses suggérés)

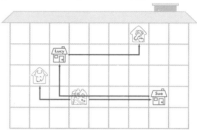

12. 5 cases vers la gauche et 2 cases vers le haut
13. 4 cases vers la droite et 1 case vers le haut
14. 2 cases vers la gauche et 1 case vers le haut
15. 4 cases vers la droite

23 Les transformations

1. A, D
2.   3.
4.    5.
6.   7.
8.   9.
10.   11.
12.    13.

14. A, C   15. A, B   16. B, C

17. 18. 19.

20. glisser   21. tourner   22. retourner
23. glisser   24. tourner
25. retourner 26. retourner

14 et 17.

15. diagonale   16. colonne
18. Oui

24 Les régularités (1)

1. ; 2. ;

3. ; 4. ;

5. ; 6. ;

2 ; 2 ; tailles   2 ; rectangle ; 2 ;
                       orientations

7. ; 2 ; 2 ; hexagone ; pentagone

8. a.  ;   b. croissante

9. a. 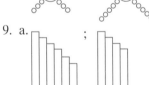 ;   b. décroissante

10. a.  ;   b. croissante

11. 30 ; 35 ; croissante
12. 15 ; 12 ; décroissante
13. 50 ; 40 ; décroissante

25 Les régularités (2)

1. 7 ; 14 ; 21 ; 28 ; 35 ; 42 ; 49 ; 56
2. 39 ; 36 ; 33 ; 30 ; 27 ; 24 ; 21 ; 18
3. 24 ; 28 ; 32 ; 36 ; 40 ; 44 ; 48 ; 52
4. 35 ; 30 ; 25 ; 20 ; 15 ; 10 ; 5 ; 0
5. 24 ; 30 ; 36 ; 42 ; 48 ; 54 ; 60
6. 80 ; 72 ; 64 ; 56 ; 48 ; 40 ; 32
7. a.
   b. 4 ; 7 ; 10 ; 13   c. 19
8. a.
   b. 3 ; 5 ; 7 ; 9   c. 13
9. a.
   b. 54 ; 40 ; 28 ; 18   c. 10

10. 7   11. 20   12. 8
13. 19   14. 9   15. 12
16. 7   17. 21   18. 16
19. 25   20. 3   21. 12

22. 18   23. 5   24. 6

25. 30   26. 17   27. 4

28. ♡ + 4 = 9   29. ☆ − 4 = 19
    ♡ = 5   ☆ = 23

30. 15 = 21 − ☀   31. ☽ − 6 = 23
    ☀ = 6   ☽ = 29

32. 17 = 27 − 🍎   33. 15 = 10 + ◯
    🍎 = 10   ◯ = 5

34. 21 = 22 − ⬡
    ⬡ = 1

26 Les graphiques (1)

1. 4   2. 105   3. 75

4. 10   5. 660   6. 40

7. 90   8. 120   9. 320

10. La « voiture de sport » aurait le plus de ventes car le nombre de voitures de sport restantes est le plus petit.

11. (Réponse suggérée)
    Il devrait promouvoir le « poulpe » parce qu'il a le plus de « Poulpe » en stock.

12.

Boutons en forme de fleur à 4 trous	Boutons en forme de fleur à 2 trous	Boutons en forme de carré à 4 trous	Boutons en forme de carré à 2 trous
ⵊⵊⵊ ⵊⵊⵊ ⵊⵊⵊ ⵊⵊⵊ ⵊⵊⵊⵊ	ⵊⵊⵊ ⵊⵊⵊ	ⵊⵊⵊ ⵊⵊⵊ ⵊⵊⵊ ⵊⵊⵊ ⵊⵊⵊ ⵊⵊⵊ	ⵊⵊⵊ ⵊⵊⵊ ⵊⵊⵊ ⵊⵊⵊⵊ

13.

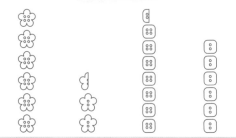

Boutons de Judy

14. 34   15. 88   16. 51

27 Les graphiques (2)

1. 8   2. 5   3. coccinelle

4. fourmi   5. 33

6.

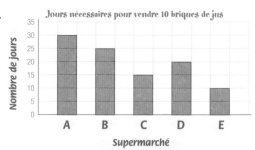

7. Jours nécessaires pour vendre 10 briques de jus

8. 5   9. A et B   10. E ; 1

11.

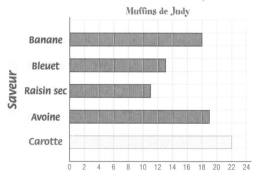

12. 5   13. 42   14. 83

15. 83   16. 108 cm   17. 58 kg

18. 70 cm   19. 275 $

28 La probabilité

1. B   2. C

3. a. Une pomme, un orange ou une fraise
   b. Non

4. (Réponse suggérée)
   26 ; 12 ; 12

5. Un visage heureux, une fleur, un arbre ou un soleil

6. Visage heureux : 10   Fleur : 10
   Arbre : 15   Soleil : 5

7. B, D, E, F

8-9. (Coloriage individuel)

8.   9.

10. a. Non
    b. Non ; sors 1 bille avec un cœur.
11. a. Oui
    b. Barre 3 billes avec une lettre et 1 bille avec
       une figure.
12. (Réponse suggérée)

1   Le jour de la marmotte

A.

1. la Chandeleur — B
2. la Chandeleur — A
3. — C
4. — D

B.
1. le 2 février
2. le 21 mars
3. le 21 décembre

le premier jour du printemps
le jour de la marmotte
le premier jour de l'hiver

2   La nouvelle camarade de classe

A. B
B. 1. Oui
2. Non
3. Oui
4. Non
5. Oui
6. Non
7. Oui

3   Le saut à la corde

A.

n	w	p	ê	c	h	e	s	d	b	a	ç	p	f	h	a
a	v	r	i	x	b	j	c	m	g	u	o	w	é	i
z	g	u	y	j	a	n	v	i	e	r	a	m	a	r	s
e	s	n	i	f	y	b	e	k	l	ê	v	m	x	s	j
a	à	e	o	f	é	v	r	i	e	r	e	e	h	k
s	t	d	q	p	c	ï	n	t	s	l	r
v	u	b	a	n	a	n	e	s	m	o	p

B. 1. exercice
2. ami(e)s
3. lentement
4. complexe
5. chanter

4   Les salutations autour du monde

A.

Ni hao — le Japon
Buongiorno — l'Italie
Sawatdee — le Danemark
Goddag — la Thaïlande
Konnichiwa — l'Inde
Namasté — Hawaï
Goede dag — le Kenya
Bonjour/Hello — le Canada
Guten Tag — l'Espagne
Aloha — les Pays-Bas
Hola — la Chine
Jambo — l'Allemagne

5   Le cactus

A. 1. V
2. V
3. F
4. F
B. 1. plant ; plante
2. son ; sont
3. desert ; désert
4. froi ; froid
5. três ; très

6   Le vol en ballon

A.

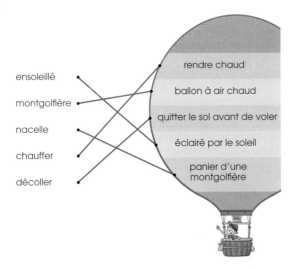

B. 1. F ; C'était un matin ensoleillé.
2. V
3. F ; La montgolfière a décollé lentement.

7   La crosse

A. 4 ; 2 ; 3 ; 1
B. 1. F
2. F
3. V
4. V
5. F
6. F

8   Mon frère aime danser

A. 1. B
2. A
3. C
4. A
B. 1. Jean a gagné beaucoup de récompenses.
2. Pierre veut devenir danseur professionnel.
3. Ils répètent très fort pour bien préparer pour leur premier spectacle de hip-hop.

9   Les narvals – les vraies licornes

A. 1. uniques
2. défense
3. vraies
4. baleines
5. taches
6. licorne
B. 1. cinq
2. bleu-gris à taches blanches
3. bruns
4. Canada
5. autres pays du Nord
6. ondes sonores

10 L'acrostiche

A. (Dessins individuels)
   1. Maman
   2. Soleil
B. (Réponse individuelle)

11 Le haïku

A. 1.
   2.
   3. ✔
B. 1. courts
   2. sept
   3. trois
   4. japonais
   5. une grenouille

12 Un troupeau de bernaches

A. nuée ; parlement ; troupeau ;
   harde ; meute ; volée ;
   nichée ; essaim ; colonie
B. 1. parlement
   2. harde
   3. troupeau
   4. meute
   5. bernaches
   6. abeilles
   7. souris
   8. oiseaux

13 Notre visite d'un centre pour personnes âgées

A. B ; C ; A ; E ; D
B. 1. Ils visitent le centre pour personnes âgées aujourd'hui.
   2. Mme Guleed vient de Somalie.
   3. Oui, ils vont le revisiter la semaine prochaine.
   4. (Réponse individuelle)

14 Le glissement de terrain de Frank

A. 1.
   2. ✔
   3. ✔
   4.
   5. ✔
   6.
B. 1. D
   2. B
   3. F
   4. A
   5. E
   6. C

15 Le durian – le roi des fruits

A. Les fruits : les bleuets ; les pommes ; les poires ; les durians
   Les animaux : les écureuils ; les sangliers ; les orangs-outans
   Les pays : la Malaisie ; la Thaïlande ; Singapour ; le Canada
B. 1. ovale
   2. cinq
   3. 40
   4. 30
   5. verdâtre
   6. jaunâtre

16 La noix de coco incroyable

A.

- (A) des fils
- (B) des produits cosmétiques
- (C) du lait de coco
- (D) des cordes
- (E) de la crème solaire
- (F) des desserts
- (G) des tapis

le coir
le coprah
l'huile de coco

B. 1. Ajouter de l'eau chaude dans le mixeur.
   2. Ajouter de la noix de coco séchée.
   3. Filtrer de petits morceaux de noix de coco.

17 La fête des filles au Japon

A.

B.
1. hina
2. matsuri
3. Hina Matsuri
4. kimono
5. fleur de pêcher

- fête des filles
- fleur de couleur rose
- fête
- poupée
- vêtement traditionnel japonais

C. 1. mon
   2. Mes
   3. Ses
   4. ta
   5. sa
D. 1. votre
   2. leur
   3. nos
   4. vos
   5. notre
   6. leur

18 Les étoiles filantes

A.

a	j	a	c	q	a	m	h	ü	j	b	û	l	o	à	c
k	h	w	è	d	r	o	c	h	e	r	s	f	i	r	c
b	y	r	f	s	e	j	m	t	i	d	ë	g	n	e	d
t	s	m	s	c	e	é	a	u	î	g	u	r	c	p	d
r	m	é	t	é	o	r	i	t	e	s	q	r	r	s	n
b	g	t	o	s	v	k	p	n	r	p	r	a	o	c	d
c	z	é	d	f	s	e	ç	d	r	f	î	e	y	v	a
a	f	o	m	s	n	l	o	v	e	d	n	r	a	â	t
b	ê	r	à	f	c	h	a	u	d	e	s	s	b	u	s
c	y	e	w	r	x	m	t	j	w	v	e	v	l	v	h
a	t	s	z	w	i	n	r	f	d	o	v	r	e	s	a
ô	g	h	e	t	p	s	h	h	p	d	v	œ	u	c	n
f	a	r	s	a	k	t	i	c	a	u	x	f	d	n	g

B. 1. rapidement
   2. souvent
   3. certainement
   4. bientôt
   5. soudainement
C. 1. couramment
   2. récemment
   3. prudemment
   4. brillamment
   5. élégamment

19 La coccinelle – la bête à bon Dieu

A. insecte : F
ailes : D
familièrement : A
coléoptère : E
arbustes : B
ennemis : C

B. 1. On appelle la coccinelle « bête à bon Dieu »
dans le langage familier en français.
2. En été : les fleurs, les arbustes, les champs
En hiver : les arbres et les maisons

C. 1. appellent
2. appelez
3. appelle
4. appelons
5. appellent
6. parle

D. 1. m'appelle ; t'appelles
2. vous appelez ; nous appelons
3. s'appelle
4. s'appellent
5. s'appelle
6. s'appelle

20 Scotty le T. rex

A. 1er paragraphe : A
2e paragraphe : A
3e paragraphe : B
4e paragraphe : B

B. 1. ?
2. .
3. !
4. ?
5. .
6. ./!
7. ?
8. !

C. 1. Je lui dis : « On va à quel musée? »
2.
3. Pierre me répond : « Allons au musée des
sciences. »

4.
5. Pierre me demande : « Qu'est-ce qui signifie
« gratuitement »? »
6. Je lui explique : « On ne peut pas payer le droit
d'entrée. »
7.

21 L'école de cirque

A. 1. anatomie
2. cours de nutrition
3. cours de français
4. cours de musique
5. cours de rythme
6. cours d'équilibre
7. cours d'acrobatie
8. cours de clown

B. (Réponse individuelle)

C. 1. en équilibre ; jongler
2. étirements ; fil de fer
3. tissu aérien ; trapèze

D. (en) 2019
(devant) la maison
(au) Canada
(dans) trois jours
(en) été
(à côté de) l'école
(dans) le ciel
(depuis) 2015
(à) sept heures
Où : devant la maison ; au Canada ;
à côté de l'école ; dans le ciel
Quand : dans trois jours ; en été ; depuis 2015 ;
à sept heures

22 Jean-Pierre, le journaliste

A. 1er paragraphe : A
2e paragraphe : A
3e paragraphe : B
4e paragraphe : A
(Réponse individuelle)

B. 1. agente
2. avocate
3. étudiante
4. participante
5. marchande
6. amie ; voisine

C.

masculin (m.)	féminin (f.)
un cuisinier	une cuisinière
un jardinier	une jardinière
un infirmier	une infirmière
un écolier	une écolière
un pâtissier	une pâtissière

D. 1. Il y a une ourse dans une grotte.
2. Louise est bergère qui habite à la campagne.
3. Une fermière cultive du maïs à la ferme.

23 Un projet spécial

A.

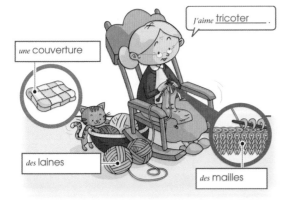

B. 1. Ils ont besoin d'une paire d'aiguilles et de laines colorées.
2. Ils utilisent cinq couleurs de laines.

3. Il fait quatre carrés.
4. Elle est conçue pour les enfants d'un orphelinat.

C. 1. aux
2. au
3. à l'
4. aux
5. à la
6. au

D. 1. du
2. des
3. de l'
4. du
5. de l'
6. de la ; du
7. À la ; des ; aux

24 De quoi l'univers est-il composé?

A. 1. B
2. E
3. C
4. D
5. A
6. F

B. 1. Selon les astronomes, les étoiles et les planètes faisaient une grande boule autrefois.
2. C'est parce qu'elle a l'air d'une traînée blanchâtre comme du lait.

C. 1. le mien
2. les siens
3. le tien
4. la sienne
5. les siennes

D. 1. les vôtres
2. le leur
3. les nôtres
4. la vôtre
5. la leur

25 Les abeilles et le miel

A. 1. grande
2. une
3. pondre des œufs
4. cinq ans
5. mâle
6. aider la reine à produire des œufs
7. huit semaines
8. Abeille travailleuse
9. 60 000
10. aller chercher du nectar pour produire du miel
11. cinq à six semaines

B. 1. ✔
2. ✔
3. ✔
4.
5. ✔
6.
7.
8. ✔

C. 1. un ballon
2. des escargots
3. du café
4. une voiture de sport
5. des oiseaux
6. un hôtel
7. une pierre

D. (Réponses individuelles)

26 Pourquoi éternue-t-on?

A. 1. éternuement
2. toux
3. bâille

B 1. F
2. F
3. F
4. V
5. F
6. V
7. F

C. 1. la
2. l'
3. me
4. le
5. la
6. m'

D. 1. Bénédict les visite à Ottawa.
2. Mon père nous emmène à l'école.
3. Inès vous attend pendant une heure.
4. Mathieu les écoute en faisant du sport.
5. Le clown les donne aux enfants.

27 Mon frère, le gardien d'enfant

A. 1. A
2. B
3. B
4. A

B. (Réponses suggérées)
1. Oui. L'année dernière, il a suivi des cours spéciaux de gardiennage.
2. Où est-ce que vous allez?
3. (Réponse individuelle)

C. 1. Est-ce que
2. Est-ce qu'Alex nage le 23 août?
3. Est-ce que le souper commence à 18 h?

D. (Réponses individuelles)

28 Les marsupiaux

A. 2 ; 1 ; 3 ; 5 ; 4

B. 1. Le bébé marsupial reste dans la poche de sa mère.
2. Les bébés marsupiaux sont nés aveugles et sans poils.
3. Beaucoup de marsupiaux habitent en Australie.
4. Les opossums sont des marsupiaux qui habitent en Amérique du Nord.

C. 1. marsupiaux
2. des animaux
3. des journaux
4. végétal
5. un hôpital
6. des chevaux
7. des festivals

D. 1. amicaux
2. royaux
3. animaux sociaux
4. géniaux
5. originaux

1 Les communautés entre 1780 et 1850

A. 1. des peuples autochtones
2. Ils étaient forts liés à la nature.
3. Les deux portaient la peau d'animaux.
4. maison longue
5. Ils vivaient dans un endroit pendant toute l'année.
6. Ils cultivaient du maïs, des courges et des haricots.
7. wigwam
8. Ils déménageaient pendant l'hiver.
9. Ils cultivaient et chassaient.

B.

A un garçon métis

B un garçon afro-américain

2 Les responsabilités : à l'époque et de nos jours

A.

Les responsabilités de notre famille :
(Réponses individuelles)
B. (Écriture individuelle)

3 Le transport au Canada à l'époque coloniale

A. A : la calèche
B : les raquettes
C : le canoë
1. C
2. B
3. A

B. 1. bouleau
2. grands
3. légers
4. lourdes
5. la traite des fourrures

C. (Réponse suggérée)
Aujourd'hui, comme d'habitude on utilise les toboggans pour s'amuser. En hiver, on utilise les toboggans pour glisser sur les collines couvertes de neige.

4 S'adapter au climat

A.

Bas_____-Canada

Haut_____-Canada

1. Bas
2. Haut
3. abris
4. bois
5. au chaud

B. 1. A
2. C
3. B

C. • Tous les liquides gelèrent.
• Le bois pour le feu était vert.
• Le pain était congelé.
(Réponse individuelle)

5 Les obstacles des premiers colons

A. A : bateau
B : bois
C : terre
D : concession de terre
A ; D ; C ; B
B. 1. B
2. C
3. D
4. A
C. Ils obtiennent de l'eau du robinet. ; Ils utilisent des bulbes électriques.

6 L'identité canadienne

A. 1. française   2. anglaise
3. bilingue   4. deux
5. culture   6. multiculturel
B. B ; A
D ; C
(Réponse individuelle)

7 Les premiers habitants

A. Les Wendat
La méthode : l'agriculture
Les aliments : le maïs, les courges, les haricots
Les outils : la houe, la bêche en bois

Les Anichinabés
La méthode : la chasse et la pêche
Les aliments : les poissons, les cerfs, les bisons, les lapins
Les outils : le piège, le filet de pêche
B. 1. la chasse
2. traîneaux
3. femmes
4. rivières
5. des paniers
6. enfants
7. (Réponse individuelle)

8 Le départ de la maison

A. (Réponses suggérées)
1. Wenro ; Sénéca ; Huron
2. Bytown ; Kingston ; York
3. Dans le comté de Waterloo : Neutres ; Mennonites
À Trois-Rivières : Algonquins ; Français
B. 1. les accords
2. terres
3. cultiver
4. de l'argent
5. réserves
6. F
7. V
8. V
9. F

9 Coloniser les terres

A. Coche : A ; C ; D ; F
B. (Réponse suggérée)
Les premiers colons ont choisi ces régions parce qu'elles étaient près des sources d'eau.
C. D ; A ; C ; B ; E
D. 1. les femmes
2. les enfants
3. les hommes

10 Changer l'environnement

A. Les impacts des Européens : traite ; terres ; fermes
Le mode de vie : forcés ; chasser
Les conflits : chasse ; fourrures
L'environnement naturel : défrichées ; animaux

B.

11 Les épreuves

A. 1. scorbut
    2. légumes
    3. maladies
    4. morts
B. 1. métal
    2. fourrures
    3. chasse excessive
    4. animaux
    5. Les peuples autochtones n'avaient pas assez
       d'animaux comme sources de nourriture, de
       vêtements et d'outils.
    6. (Réponse suggérée)
       Cela a causé des conflits parmi les peuples
       autochtones parce que différents groupes se
       disputeraient pour les terrains de chasse. Les
       groupes de peuples autochtones étaient donc
       en compétition pour la chasse aux fourrures.

12 S'entendre ensemble

A. Les Européens aux peuples autochtones :
    B ; D ; E ; I ; J
    Les peuples autochtones aux Européens :
    A ; C ; F ; G ; H
B. 1. terre
    2. mauvais
    3. même
    4. dernière
    5. bas
    6. Sierra Leone
    7. (Réponse suggérée)
       Les terres que l'on leur avait promises étaient
       en mauvais état. Les loyalistes noirs étaient
       toujours les derniers à recevoir des aliments
       et des provisions.

13 La carte de l'Ontario

A. 1.

    2. a. pays   b. océans
       c. provinces   d. capitales
       e. villes
    3. (Réponse individuelle)
    4.

Chine	Nouvelle-Écosse	Océan Indien
CHINE	NOUVELLE-ÉCOSSE	OCÉAN INDIEN

Territoires du Nord-Ouest	Barrie (ville en Ontario)
TERRITOIRES DU NORD-OUEST	**Barrie**

B. 1. Ottawa ; ★

    Toronto ; ●

    (Réponse suggérée)

    Timmins ; ●

    2.

14 Les régions physiographiques de l'Ontario

A.

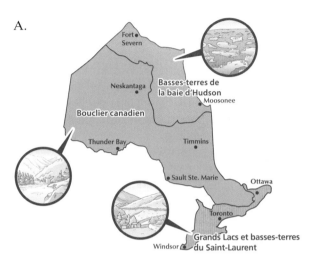

1. trois
2. a. le Bouclier canadien
   b. Grands Lacs et les basses-terres du Saint-Laurent
3. (Réponses suggérées)
   Les basses-terres de la baie d'Hudson :
   Fort Severn
   Le Bouclier canadien : Timmins
   Grands Lacs et les basses-terres du Saint-Laurent : Toronto

B.
1. marécages   2. les ours polaires
3. la pêche   4. Le Bouclier canadien
5. substrat rocheux   6. minéraux
7. l'exploitation minière   8. plaines
9. fertiles   10. l'agriculture

15 Où vivent les gens

A.
1. Toronto ; 2 615 060
   Ottawa ; 883 391
   Mississauga ; 713 443
2. Le Nord de l'Ontario
   L'utilisation des terres :
   la chasse ; la sylviculture
   Les caractéristiques :
   zones sauvages ; naturelles
   Le Sud de l'Ontario
   L'utilisation des terres :
   l'agriculture ; la fabrication
   Les caractéristiques : peuplé ; hivers

3. (Réponse suggérée)
   Les villes les plus peuplées se trouvent au sud de l'Ontario parce qu'il fait plus chaud et elles sont près des plan d'eau comme le fleuve Saint-Laurent.
4. (Réponse individuelle)

16 Profiter de l'Ontario aujourd'hui

A.
1. Toronto
2. variété
3. récréatives
4. Thunder Bay
5. randonnée
6. ski

B.
1. lac Ontario ; B
2. les forêts du Nord de l'Ontario ; E
3. Blue Mountain ; D
4. les vignobles de la région de Niagara ; C
5. le port de Thunder Bay ; A

17 Travailler en Ontario aujourd'hui

A.
1. une guide touristique ; B
2. un travailleur d'usine ; A
3. un chef ; C

B.
1. a. 12
   b. 5
   c. 7
2. opérateur de déneigement et jardinier
3. (Réponses individuelles)

18 Les terres précieuses de l'Ontario

A.

L'utilisation des terres

1. __agricole__
   l'agriculture

2. __commerciale__
   les affaires

3. __récréative__
   les sports et les loisirs

4. __de transport__
   les voyages

5. __résidentielle__
   le logement

des immeubles commerciaux à Toronto

un verger de pommiers à Newmarket

Wasaga Beach dans le comté de Simcoe

le développement de maisons à Burlington

la route 11/17 à Thunder Bay

B. Une zone de protection - la moraine d'Oak Ridges

Lac Simcoe

Lac Ontario

1. vertes
2. eau
3. protéger
4. air
5. Ontariens

19 Utiliser nos terres

A. 1. dominante
    2. ouest
    3. quarts
    4. habitat
    5. bois
    6. récréatives

B. 1. On recourt au déboisement pour l'exploitation forestière, la construction de routes, la culture et l'élevage.
    2. les animaux : perdent leurs habitats
       les plantes : perdent leurs habitats
       les humaines : perdent leur environnement naturel
    3. (Réponse individuelle)
    4. On laisse se régénérer la zone déboisée ou plante des semis si la régénération naturelle ne se produit pas.

20 Utiliser nos ressources

A. 1. Les gens peuvent miner les ressources précieuses comme l'or, le cuivre et le nickel.
    2. les terres : le paysage a changé et est pollué
       les plantes et les animaux : perdent leurs habitats
       l'eau et le sol : pollués par des produits chimiques toxiques
    3. 1re étape : Elles réhabilitent leurs sites miniers à l'aide du sol.
       2e étape : Elles plantent de la végétation sur les sites.
    4. C ; B ; D ; A

21 Développer les terres

A. 1. (Réponses suggérées)
       Mississauga ; Markham
    2. Non, c'est parce que le lac Ontario est au sud de Toronto.
    3. population : augmentée
       nombre de ménages : augmenté
       superficie : la même
       longueur totale des pistes cyclables : augmentée

4. La ville de Toronto a augmenté la longueur des pistes cyclables pour que les cyclistes puissent accéder à plus de destinations. De cette façon, plus de gens sont encouragés à faire du vélo.

B. 1.

2. (Réponse suggérée)
Moins de voitures veut dire moins d'impact sur l'environnement et on dépense moins d'argent sur l'essence.

22 Les gouvernements régionaux

A. 1.

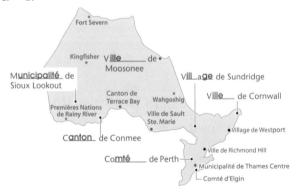

2. (Réponses suggérées)
Fort Severn, Kingfisher
3. (Réponse individuelle)
B. Le gouvernement provincial de l'Ontario :
provinciaux ; santé publique ; premier ministre de l'Ontario
Le gouvernement municipal :
régionaux ; police ; rues ; maire
provincial ; municipal ; provincial

23 Les terres municipales

A. 1. Canton de Pickle Lake
2. Ville de Toronto
3.

Utilisation des terres	Canton de Pickle Lake (un peu/beaucoup/aucune)	Ville de Toronto
Résidentielle	un peu	beaucoup
Commerciale	un peu	beaucoup
Minière	beaucoup	aucune
Récréative	beaucoup	beaucoup
De transport	un peu	beaucoup

4. (Réponse suggérée)
Quand une communauté comprend une grande population, il y a un grand besoin de certains types d'utilisation des terres comme résidentielle, commerciale et récréative.

B.

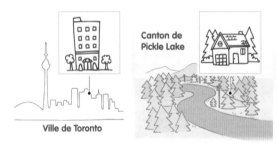

24 Les emplois municipaux

A. Éducation : B
Industrie minière : D, F
Gouvernement : A, E
Industrie des loisirs : C
B. 1. C, D, F
2. L'emploi B : Toronto ; il y a beaucoup d'écoles dans de grandes villes comme Toronto
L'emploi D : Pickle Lake ; il y a des activités minières autour de la région
3. (Réponses individuelles)

1 Les plantes

A. 1. la fleur
    2. les feuilles
    3. la tige
    4. les racines

B.

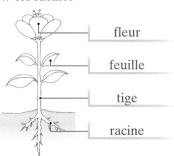

fleur
feuille
tige
racine

C.

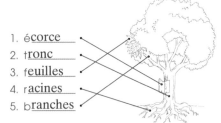

1. écorce
2. tronc
3. feuilles
4. racines
5. branches

D. Arbre feuillu : A, C, F
    Arbre conifère : B, D, E

2 Les feuilles et les fleurs

A.

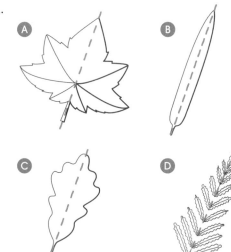

Fougère : D
Érable : A
Gazon : B
Chêne : C

B. 1. gazon
    2. fougère

C. 1. pistil
       étamine
       pétale
       ovaire
       sépale
    2. ovaire
    3. sépale

3 Les besoins des plantes

A. 1. air
    2. eau
    3. lumière
    Une expérience (Observation individuelle)
    La lumière n'est pas parvenue à la feuille.

B. 1. feuilles ; épaisse
    2. flotter ; la lumière du soleil
    3. du sol
    4. feuilles
    régions montagneuses : C
    régions désertiques : A
    régions aquatiques : B
    régions boisées : D

4 Les plantes : la pollinisation

A. 1. papillon de nuit
    2. papillon
    3. abeille
    4. vent
    5. colibri

B. La pollinisation par les animaux : les animaux ;
    couleurs
    Exemples : A, D
    La pollinisation par le vent : le vent ; petites
    Exemples : B, C

C. 1. pollen
    2. étamine
    3. pistil
    4. graine
    5. odeur
    6. nectar

5 La dispersion des graines

A.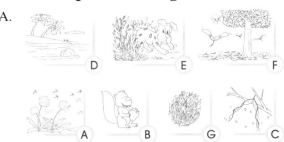

B. 1. 2 ; 1 ; 3 ; l'eau
2. 2 ; 3 ; 1 ; le vent
3. 1 ; 3 ; 2 ; les animaux

6 Les plantes : les cycles de vie

A.

B. B ; C ; D ; A
C. 1. années ; mois
2. feuilles ; fleurs
3. l'érable ; le tournesol
D.

Plante annuelle		Une plante de citrouilles pousse et meurt en l'espace d'une année.
Plante bisannuelle		Beaucoup de plantes, y compris les arbres, peuvent vivre pendant plusieurs années.
Plante vivace		Le persil et la digitale sont des exemples de plantes qui vivent pendent deux ans.

7 L'utilisation des plantes

A. 1. dur ; E
2. solides ; G
3. sucré ; C
4. doux ; léger ; A
5. flexible ; solide ; B
6. doux ; fins ; D
7. flexible ; F
B. 1. aiguilles
2. écorce
3. tronc
4. sève
C. graine

8 Les plantes en voie de disparition ou les plantes invasives

A. A, C, D, E, H, I, J, K
B. voie de disparition ; invasives
C. 1. habitats
2. disparaître
3. en voie de disparition
4. protégées
5. invasives
6. originaires

9 Les forêts tropicales

A. 1. A ; Émergeant
2. D ; Sol
3. E ; Sol
4. B ; Canopée
5. C ; Sous-étage
B. 1. animaux
2. plantes
3. canopée
4. graines/fruits
5. fruits/graines
6. oiseaux
7. couche
8. dense
9. pluie
10. sous-étage
11. sol de la forêt
12. plantes grimpantes

10 La force : la poussée ou la traction

A. 1. poussée
    2. poussée et traction
    3. traction
    4. poussée
    5. traction
B. 1. gravité
    2. électricité statique
    3. magnétisme
C. 1. contact direct ; poussée
    2. contact à distance ; traction
    3. contact à distance ; traction
    4. contact direct ; poussée

11 Les forces et les mouvements

A. 1.
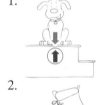
    2.

    3.

    4.

    5.

    6.

B. 1. 3 ; 1 ; 2
    2. 1 ; 3 ; 2
    3. 2 ; 1 ; 3
    Colorie l'image numéro 2 pour 1-3.

12 La gravité

A. 1-3 et 5. Dessine une flèche qui pointe vers le bas.
    4. pas de gravité
B. 1. Jupiter ; Terre ; Vénus ; Mars
    2. Mars
    3. Jupiter

13 La friction

A. 1. friction
    2. friction
    3. FRICTION
    4. FRICTION
B. 1. rugueuse ; augmenter
    2. durs
    3. du lubrifiant ; réduire
    4. des pantoufles ; augmenter

14 Les aimants

A.
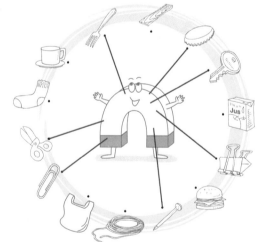

B. 1. verre
    2. chiffon
    3. bois
    4. plastique

C.

2.

3.

Une expérience (Observation individuelle)

15 Les pôles magnétiques

A. 1. sud, nord
    2. attire
    3. repousse

B.

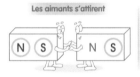

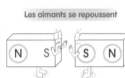

C. 1. s'attirent
    2.

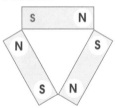

    3.

D. 1.

16 La stabilité

A. 1. B
    2. A
    3. A
    4. B

B. 1. plus épaisse
    2. plus solides
    3. poutres

17 Les leviers

A. 1, 3, 4, 6, 7

B.

C. Scénario 1 : facile ; petite
    Scénario 2 : plus difficile ; plus grande
    Scénario 3 : plus facile ; plus petite

18 Plus sur les leviers

A. 1.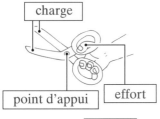

2.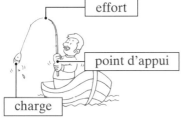

3.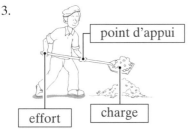

4.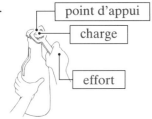

B. 1. levier
2. facile
3. facile
4. plus grand

19 Les sols

A.

B. A : vagues
B : pluie
C : plantes
D : vent
E : rivière
F : glacier

C.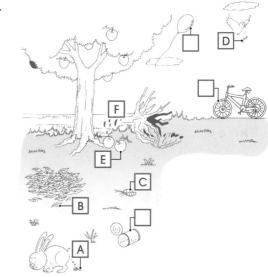

20 Plus sur les sols

A. argile
   limon
   sable
   terreau
B. 1. argile
   2. terreau
   3. sable
   4. limon
C. 1. argile
   2. terreau
   3. terreau
   4. a. sable
      b. limon
      c. argile
      d. sable

21 L'érosion des sols

A.

Le sol peut être emporté par de fortes __pluies__ .

Le sol peut être soufflé par un __vent__ puissant.

Le sol peut se perdre dans l'eau à cause de __vagues__ .

B. 1. B
   2. A
   3. C
   4. D
   Une expérience (Observation individuelle)

22 Les vers de terre

A. 1. nourriture
   2. turricules
   3. prédateur
   4. tunnel
   5. habitat
B. 1. E
   2. D
   3. A
   4. B
   5. C
C.

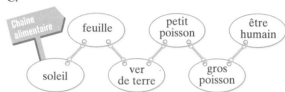

Chaîne alimentaire

soleil → ver de terre → feuille → petit poisson → gros poisson → être humain

23 L'utilisation des sols

A. 1. porcelaine
   2. masque de boue
   3. champ
   4. pot de fleurs
   5. tourbe combustible
   6. brique d'argile

B.

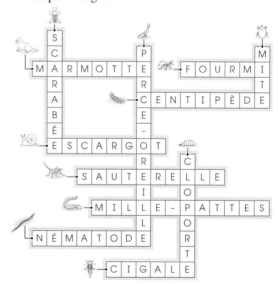

24 Le compostage

A.

B. 1. vrai
2. vrai
3. faux
4. vrai
5. vrai

C. Le compostage est une très bonne manière de recycler des objets biologiques.